中央广播电视总台
优秀作品奖新媒体展示手册
（2020年度）

本书编写组

中国国际广播出版社

目　录

创新奖

央视频抗疫"云"系列——两神山慢直播、云守望大武汉 H5、疫情 24 小时 H5 等新媒体产品（5 件）/ 3

国聘行动（182 集）/ 4

"小朱配琦"带货直播 / 5

直播：中国"奋斗者"号载人潜水器在挑战者深渊执行下潜任务（90 集）/ 6

成功了！珠峰高程测量登山队今天登顶 / 7

全球疫情会诊室（76 期）/ 8

一等奖

习近平在湖北省考察新冠肺炎疫情防控工作　看望慰问奋战在一线的医务工作者解放军指战员社区工作者公安干警基层干部下沉干部志愿者和居民群众时强调　毫不放松抓紧抓实抓细各项防控工作　坚决打赢湖北保卫战武汉保卫战 / 11

成功了！珠峰高程测量登山队今天登顶 / 12

中央指导组派出督查组赴黄冈市督查核查 / 13

武汉市投入使用最早、收治和出院患者最多的方舱——"江汉方舱"今天下午休舱 / 14

联合国秘书长呼吁国际社会加强合作，杜绝歧视，助力中国战胜疫情 / 15

"关公"大意失荆州 / 16

南阳要占万亩基本农田建养猪场，岂能如此"拆东墙补西墙"？/ 17

另一个香港（2 集）/ 18

方舱 / 19

水漫河堤、防汛一级应急响应，秦淮河大堤却被挖空建高档餐厅！/ 20

牢记嘱托　脱贫攻坚（11 集）/ 21

重症 ICU 纪实（9 集）/ 22

山东冠县女子被冒名顶替上大学事件追踪（3 集）/ 23

大法官开庭——湘西扫黑风云（3 集）/ 24

武汉解除离汉离鄂通道管控直播（6 集）/ 25

天使日记（54集）/ 26

纪念中国人民志愿军抗美援朝出国作战70周年特别节目《胜利的回响》（9集）/ 27

十个人的口述实录《武汉武汉》（10集）/ 28

武汉直播间：中国—世界卫生组织发布新型冠状病毒肺炎联合考察报告 考察组中方组长梁万年解读报告 / 29

张桂梅：大山里的女校 / 30

男孩头卡车窗路人搭救，现场视频争议升级，对话当事双方探讨社会道德困境 / 31

《战疫情》特别报道 / 32

嫦娥五号探测任务特别直播《嫦娥再探月》/ 33

2020年4月8日《晚间新闻》特别编排《武汉离汉通道管控解除第一天》/ 34

2020年1月26日中国之声《〈战疫情〉特别报道》/ 35

人民至上——全国抗击新冠肺炎疫情表彰大会特别报道 / 36

纪念中国人民志愿军抗美援朝出国作战70周年大型系列报道《共和国不会忘记》（63集+10集）/ 37

跨过鸭绿江（40集）/ 38

抗美援朝保家卫国（20集）/ 39

而立浦东（6集）/ 40

英雄儿女（6集）/ 41

《航拍中国》第三季——《一同飞越》（10集）/ 42

为了和平（6集）/ 43

同心战"疫"（6集）/ 44

武汉：我的战"疫"日记（30集）/ 45

《记住乡愁》第六季（40集）/ 46

巍巍天山——中国新疆反恐记忆 / 47

新大头儿子和小头爸爸 英雄梦（100集）/ 48

2020开学第一课 / 49

庆祝中国人民广播事业创建80周年特别节目《声震长空》（10集）/ 50

悬崖村（12集）/ 51

《故事里的中国》第二季（9集）/ 52

《国家宝藏》第三季第二期《秦始皇帝陵》/ 53

《经典咏流传》第三季（11期）/ 54

中国声音中国年（启程篇）/ 55

脱贫攻坚题材纪实广播连续剧《苤苤草》（3集）/ 56

中央广播电视总台2020年春节联欢晚会 / 57

2020年中央广播电视总台中秋晚会 / 58

"乐"来越好——中俄民乐公益云享音乐会 / 59

突破！全国第一例、第二例由遗体解剖获得的新冠肺炎病理今日送检 / 60

且看蓬佩奥这条"变色龙"如何变 / 61

战疫每日观察 | 开在大年初一的政治局常委会会议非同寻常 / 62

谢谢你为湖北拼过命（127集）/ 63

喀喇昆仑写忠诚（13集）/ 64

关于美国德特里克堡生物实验室你不知道的秘密 / 65

下潜万米深海　中国"奋斗者"号载人潜水器万米级海试 / 66

@所有人，《民法典》来了（10集）/ 67

疫情零新增"彩虹图"（26集）/ 68

独家视频 | 游客："彭麻麻呢？" / 69

系列时政微视频《总书记指挥这场人民战争》（10集）/ 70

《典籍里的中国》融媒体系列之《有"典"意思》/ 71

病毒之外（9集）/ 72

美国的"人权童话"还能编下去吗 / 73

武汉日记（118集）/ 74

百名老战士口述实录微纪录片《我的抗美援朝故事》（107集）/ 75

微视频 | 武汉，76个日与夜 / 76

系列微纪录片 | 武汉呼吸（8集）/ 77

习声回响 | 总书记的全面小康声音密码（一）：1623280 / 78

一起去珠峰 / 79

直播！中国关闭美国驻成都总领事馆 / 80

《云守望　大武汉》28小时不间断大直播关注武汉重启 / 81

坐着高铁看中国 / 82

一张长图带你攀登"地球之巅" / 83

VR报道 | 幸福坐标——重访总书记扶贫足迹 / 84

春风十里，我到武汉来看你 / 85

央视频抗疫"云"系列——两神山慢直播、云守望大武汉H5、疫情24小时H5等新媒体产品（5件）/ 86

决定之年——习近平治国理政专题交互页 / 87

时政新闻眼（93期）/ 88

"小朱配琦"带货直播 / 89

国聘行动（182集）/ 90

《走村直播看脱贫》大型融媒体行动（101场新媒体直播）/ 91

互动H5《敬不朽，英雄记忆永不褪色》/ 92

《共同战"疫"》73天不间断融媒体直播 / 93

《鼠你不一YOUNG——2020春晚VR YOUNG》首届VR直播春晚 / 94

《两会你我他》特别节目 / 95

起底美国系列（7集）/ 96

国家宝藏·挖藕季（100集）/ 97

人生第一次 / 98

我的同乡英雄（4集）/ 99

国家记忆 / 100

新闻联播 / 101

新闻 1+1/ 102

开讲啦 / 103

新闻和报纸摘要 / 104

天天 315/ 105

联播 +/ 106

每日一习话 / 107

刘欣调查：孟晚舟案不为人知的细节 / 108

直播：中国"奋斗者"号载人潜水器在挑战者深渊执行下潜任务（90 集）/ 109

独家！总台央视记者探访武汉金银潭医院隔离病房 / 110

致青春·奋斗习语（4 集）/ 111

武汉战疫纪 / 112

《经典咏流传》第三季第二期 / 113

《漫话天下》评论动漫系列（81 集）/ 114

起底真相丨美国德特里克堡生物实验室的黑暗历史 / 115

冠察天下——对美报道系列（10 集）/ 116

《战武汉》动画微纪录片 / 117

数说行业之中国"复兴号"高铁驾驶员 / 118

村里来了个洋专员 / 119

时政微视频丨武汉保卫战 / 120

"国宝与你同行"海外本土化传播 / 121

国际锐评丨散播"政治病毒"的蓬佩奥正把自己变成人类公敌 / 122

多语种原创战疫公益歌曲 MV《天使的身影》/ 123

2020 非洲野生动物大迁徙网络直播 / 124

纪录片《同心战"疫"》（法语版，6 集）/ 125

A 酱讲中国 / 126

今日关注 / 127

国家勋章和国家荣誉称号系列公益宣传片（46 篇）/ 128

物·见——边防哨所别样的春节 / 129

决战脱贫攻坚　不获全胜决不收兵 / 130

民法典课堂（27 集）/ 131

二等奖

全球独家专访武汉病毒所所长王延轶 / 135

经中央军委主席习近平批准　军队抽组医疗力量承担武汉火神山医院医疗救治任务 / 135

直挂云帆济沧海——2020 年中国经济风雨兼程勇毅前行 / 136

菲律宾首都商场遭劫持人质全部获释 / 136
福建泉州坍塌酒店　一对母子被困两天后成功获救 / 137
《反分裂国家法》实施 15 周年座谈会引发台湾各界强烈反响 / 137
2020·世界 / 138
环球深观察：抗疫经济双输、国际声望下降　世界头号强国正在变成"世界病人" / 138
迷失的香港 / 139
中国战疫纪（2 集）/ 139
武汉抗战记忆 / 140
坐着"高"铁看中国　行走"天路"最美青藏线 / 140
【"十三五"，我们这五年】甩掉贫困帽　大凉山百姓迈向新生活 / 141
纪念香港基本法颁布 30 周年系列报道《基石》第三集《远航》/ 141
黄河人家：母亲的母亲河 / 142
民法典：开启中国法治新时代（5 集）/ 142
武汉面孔（23 集）/ 143
直击美国驻成都总领事馆关闭（15 集）/ 143
聚焦粮食安全：让数据告诉你，中国没有粮食危机（3 集）/ 144
来自喀喇昆仑的报道（8 集）/ 144
百村脱贫记（100 集）/ 145
土耳其　漫漫逃难路（3 集）/ 145
《总台海峡时评》反"台独"系列（44 集）/ 146
风雨同创四十年（12 集）/ 146
黄河人家（9 集）/ 147
"832 个贫困县全部脱贫　中国脱贫的世界意义"系列报道（7 篇）/ 147
武汉"欣"声——专访"疫情上报第一人"湖北省中西医结合医院呼吸内科主任张继先 / 148
统一战疫：专访世界卫生组织中国工作组组长布鲁斯·艾尔沃德 / 148
强力反制！中方通知美关闭成都总领馆 / 149
背着国徽去开庭，打通司法为民"最后一公里" / 149
纪念中国人民志愿军抗美援朝出国作战 70 周年特别直播《铭记伟大胜利　捍卫和平正义》/ 150
2020 年 4 月 8 日《China 24》特别编排《武汉解封特别节目》/ 150
2020 年 10 月 19 日《新闻特刊·70 周年》/ 151
2020 年 9 月 27 日《环球新财讯》（18:00—18:30）/ 151
抗疫特别节目《致敬！时代楷模　抗疫英雄》/ 152
特别节目《坐着高铁看中国》（8 集）/ 152
系列评论《大湾区之声热评：香港国安法落地实施》（14 集）/ 153
最美逆行者（14 集）/ 153
冰雪道路（5 集）/ 154
重托（4 集）/ 154
马背上的法官 / 155

复兴伟业启新程——一份历史性纲领的诞生 / 155

朱熹（4集）/ 156

2020春天纪事（4集）/ 156

从长安到罗马（100集）/ 157

"多闻"的二月 / 157

我是警察·灰与白（4集）/ 158

往事如歌（3集）/ 158

遍地英雄下夕烟——致敬脱贫攻坚的人们（6集）/ 159

门捷列夫很忙（5集）/ 159

他们与天地永存（5集）/ 160

音乐厨房 / 160

等着我——小兵李嘎子 / 161

第一书记的十八般武艺（10集）/ 161

梅兰芳与《生死恨》/ 162

跨越时空的苏轼琴歌 / 162

2020年8月16日《劲曲调频电影原声坊》/ 163

海报里的英雄——纪念中国人民抗日战争暨世界反法西斯战争胜利75周年特别节目（5集）/ 163

《中国诗词大会》第五季（10集）/ 164

《上线吧！华彩少年》第一期 / 164

2020年"六一"特别节目《我们的节日》/ 165

《勇攀巅峰之挑战不可能》第五季第六期 / 165

瑜声（上下集）/ 166

我的二十载回乡路 / 166

英雄儿女——纪念中国人民志愿军抗美援朝出国作战70周年文艺晚会 / 167

启航2021——中央广播电视总台跨年盛典 / 167

奋斗的青春最美丽——2020年五四青年节特别节目 / 168

中央广播电视总台发布2020年度国内国际十大科技新闻 / 168

致敬英雄之城——写在武汉解封之际 / 169

大湾区之声热评：后院起火的美国政客别再拿讹诈当饭吃了！/ 169

国际锐评丨疫情之下，美国企业何以大手笔投资中国？/ 170

战疫最前线 / 170

"七一"特别节目《白衣飘飘，仍是少年》/ 171

中央广播电视总台发布2020年度国内国际十大考古新闻 / 171

疫情分布图（44集）/ 172

写封信给五年前的自己丨我是祖国的界碑：绝不把国土守小了，更不能把国土守丢了！/ 172

远山的回响（10期）/ 173

热点追击：青海祁连山腹地非法采矿 / 173

欧洲头条丨听说我们的新冠检测试剂盒又被瑞典黑了,独家采访还原真相! / 174

独家视频丨国士无双!英雄向我们走来! / 174

现场视频!总台央视记者手机拍摄以色列空袭叙利亚 / 175

总台记者眼中的 2020 世界(8 集)/ 175

双语竖视频系列《第一书记下乡记》(40 集)/ 176

独家专访丨钟南山:疫情"震中"可能转移到美国了 / 176

沉浸式虚拟专题片:地道战 / 177

从故宫开始了解中国文化(21 集)/ 177

专访林郑月娥:大湾区对香港是一个很大的机遇 / 178

等你回来(11 集)/ 178

向总书记报告(6 集)/ 179

长卷微视频丨我的选择 / 179

重磅微视频丨全面小康:一个都不能少 / 180

我参加了那场伟大战争(11 集)/ 180

"心花绽放"系列动漫(3 集)/ 181

日本网友为武汉加油,华春莹:衷心感谢 / 181

春晚进行时 / 182

新冠病患转运火神山医院 / 182

移动直播:山河无恙,英雄归来!第七批在韩志愿军烈士遗骸今天归国 / 183

进博 360°——全景进博 创新直播 / 183

央视频"搭把手、拉一把"大型融媒体公益活动(4 集)/ 184

"新消费 爱生活"——北京消费季 / 184

2020 年 CGTN 官网首页(全新改版)/ 185

时政融媒体频道《传习录》(改版)/ 185

故宫"美容师"大挑战 / 186

VR 雪域雄兵——西藏军区边防部队巡逻纪实 / 186

中国人民广播 80 周年有声图鉴《创意声漫》/ 187

王冠红人馆 / 187

《擎动中国》线上模拟器赛车总决赛 / 188

《"禁毒精英 守护净土"知识大闯关》答题互动 H5 / 188

三星堆大发掘(28 集)/ 189

云登顶 看珠峰 / 189

中国诗词小会(5 集)/ 190

穿越新疆 / 190

蓬佩奥诚信大考验 / 191

脱贫攻坚中的大湾区力量(14 期)/ 191

全球疫情会诊室(76 期)/ 192

"足不出沪 享购好物"融媒体报道 / 192

部长共话:下半年,这么干!(10 集)/ 193

跨过 2020——央视频跨年晚会大赏 / 193

《我的祖国》4K 超高清彩色修复版及融媒体产品 / 194

逐梦深蓝丨中国"奋斗者"号载人潜水器万米级海试系列报道 / 194

"你好，新时代"青年融媒体作品大赛 / 195

云听大型非遗文化传承声音纪录片《非遗第 N 年》（50 期）/ 195

2020 年航天系列慢直播、短视频等原创融媒体产品 / 196

呼叫 027（11 集）/ 196

海峡两岸 / 197

天下足球 / 197

探索·发现 / 198

China 24 / 198

粉碎标题党 / 199

三农群英汇 / 199

档案揭秘 / 200

中国 TOP 排行榜 / 200

圆桌议事 / 201

CGTN 记者团 / 201

早啊！新闻来了 / 202

康辉说 / 202

全球行动倡议——2020 脱贫 / 203

所谓"种族灭绝"没有任何根据　不符合新疆的真实情况 / 203

种族痼疾：另一个美国 / 204

中国援外抗疫医疗队非洲工作纪实（25 集）/ 204

CGTN 记者连线全球媒体报道武汉疫情（89 次）/ 205

十年磨剑，行稳致远——中欧班列十年（3 集）/ 205

意大利专家表示中国治疆政策富有智慧　美方政治炒作极其不负责任 / 206

我的新疆日记（3 集）/ 206

《如果国宝会说话》第三季（5 集）/ 207

多语种沙画诗歌《你的样子》/ 207

英语环球播客系列（40 个栏目）/ 208

中国阿伊莎的脱口秀（11 集）/ 208

巴基斯坦留学生上热搜！收到习近平主席回信，惊喜到不敢相信！/ 209

全球大使连线——疫情期间留学生该注意啥？驻美大使在线支招 / 209

外国网红看西藏 / 210

薇观中国：说说抗疫那些事（7 集）/ 210

眼见为实！三峡大坝真的要塌了吗 / 211

国宝脱贫记（4 集）/ 211

新乡土中国（4 集）/ 212

十二时客（12 集）/ 212

变迁中的非洲部落 / 213

总台灯光秀亮相哈利法塔喜迎春节 / 213

今日新疆（10集）/ 214

国际锐评 | 美国疫情防控疑点重重　理应接受国际调查 / 214

丝路大V打卡最新北京 / 215

深渊挑战 / 215

"2020最美的夜"央视频 & 哔哩哔哩跨年晚会 / 216

纪录片《同心战"疫"》（德语版，6集）/ 216

真相放大镜 / 217

"锋"向标 / 217

"脱贫攻坚　全面小康"主题公益广告《小羊快跑》/ 218

中央广播电视总台"品牌强国工程"宣传片 / 218

《赞歌》系列公益广告（4篇）/ 219

环球资讯抗击疫情系列主题宣传片之《国际人士点赞中国贡献》/ 219

消除绝对贫困：世界减贫史上的中国奇迹 / 220

大山里的三兄妹 / 220

三等奖

非洲驻华使团参访国药集团点赞中国新冠疫苗 / 223

巴西证实中国新冠疫苗安全有效 / 223

跨过山和大海　中欧班列变身钢铁驼队 / 224

美国　美警察暴力执法导致黑人男子死亡　抗议示威不停　局势紧张 / 224

全球抗疫进行时　毛里求斯女医生：重洋虽远　真情难阻 / 225

中国援塞医疗队抵达　受到最高礼遇迎接 / 225

湖南岳阳各地"以船代仓""以车代仓"为抢险救灾赢得宝贵时间 / 226

京雄城际铁路全线开通运营　70余项智能化设计彰显中国智慧 / 226

澳大利亚研究报告发现　网络水军有组织地散播新冠病毒为"人为制造"的阴谋论 / 227

黎巴嫩首都贝鲁特港口区发生剧烈爆炸　造成数十人死亡三千多人受伤 / 227

向观察：关闭领馆　中美冲突再升级 / 228

中央经济工作会议闭幕　如何勾勒未来发展蓝图 / 228

一场比赛：女足世界杯中意之战 / 229

中国游泳改写男女 4×100 米混合泳接力世界纪录 / 229

科兴疫苗今日启程发往土耳其 / 230

穆罕默德：学有所得，创业奔小康 / 230

对话中东欧：中国—中东欧国家合作（上下集）/ 231

王万才："逆袭"的庄稼汉（上下集）/ 231

小康在哪里：再访"江村"寻味乡土 / 232

我更坚定了自己的选择 / 232

总书记的回信激励着我们 / 233

一场乔迁宴引发的风波 / 233

黄锡璆：从小汤山到火神山，我的心愿是为老百姓建设更多更好的医院 / 234

2020 国家医保药品目录调整工作完成（6 集）/ 234

复工复产调研行（34 集）/ 235

创业板注册制改革（21 集）/ 235

国际订单回"巢"（8 集）/ 236

熔喷布市场调查（3 集）/ 236

住房租赁市场观察（4 集）/ 237

信心与举措（6 集）/ 237

全球战"疫" 华人在行动（48 期）/ 238

精通榫卯工艺 "阿木爷爷"王德文（3 集）/ 238

香港国安法系列反响报道（53 集）/ 239

美国疫情系列报道《生死之间》（9 集）/ 239

中国小镇（10 集）/ 240

烽火·家书（20 集）/ 240

山中青年（6 篇）/ 241

谁知盘中餐（8 集）/ 241

2020 年终报道·重返抗疫现场（12 集）/ 242

中古建交 60 周年特别节目：中古友谊——历久弥新（3 集）/ 242

病毒是什么 / 243

两会在线 对话大检察官——专访：最高人民检察院党组副书记 副检察长 童建明 / 243

疫情下的粮食安全 / 244

"九二共识"清晰化 震慑"台独" / 244

梁振英：坚持"揉石仔"，为香港的未来开路 / 245

驳斥自由亚洲电台对武汉柬埔寨留学生的不实报道 / 245

《嫦娥揽月》特别节目 / 246

第七批在韩中国人民志愿军烈士遗骸回国 / 246

2020 年 9 月 11 日《国际时讯》特别编排《"9·11"事件 19 周年：被搅乱的中东》/ 247

2020 年 9 月 15 日《财经时间》/ 247

2020 年 12 月 30 日《环球直播间》/ 248

感动中国（2019 年度人物颁奖盛典、情满香江）/ 248

直播黄河（13 集）/ 249

2020 年 3·15 晚会 / 249

2020 央视财经论坛（3 集）/ 250

金色索玛花（20 集）/ 250

勇气与荣耀 / 251

福州古厝（3 集）/ 251

国庆节有味道·丰收中国（10 集）/ 252

藏着的武林（6 集）/ 252

文学的故乡（7 集）/ 253

社火中国年（7 集）/ 253

联合国 75 年 / 254

生死之间 / 254

爱上功夫（3 集）/ 255

云梯上的守望——元阳县脱贫观察 / 255

非洲人在少林 / 256

贺兰芳醇——探访宁夏葡萄酒的奥秘 / 256

下一站太空 / 257

中俄合拍纪录片《摆脱贫困实录》（4 集）/ 257

全球疫情系列纪录片（13 集）/ 258

燃·青年（3 集）/ 258

我们在一起——中意携手　同心抗"疫" / 259

中国的宝藏（6 集）/ 259

承诺（5 集）/ 260

与祖国同庆（上下集）/ 260

中阿双语抗疫说唱歌曲《选择》/ 261

2020 年鼠年春节特别节目《"鼠"你最精彩》/ 261

《二十四节气歌》第一季（14 集）/ 262

2020 年五一劳动节特别文艺《献给白衣天使的歌曲》/ 262

红太阳照边疆——唱响各民族团结发展主旋律 / 263

连成一家 2020 / 263

你的歌——守护抗疫天使的台湾音乐治疗师 / 264

小说连播《草房子》（85 集）/ 264

2020 年 11 月 29 日《正大综艺·动物来啦》/ 265

大幕开启——骑兵 / 265

衣尚中国（11 集）/ 266

《走在回家的路上》之涂松岩 / 266

2020 赢在博物馆（9 集）/ 267

乐龄唱响·全国老年合唱大赛（11 期）/ 267

《中国文艺·向经典致敬》第六季（36 集）/ 268

感恩的"花" / 268

猫城记（20 集）/ 269

2020 春节戏曲晚会 / 269

2020 东西南北贺新春 / 270

2020 合唱春晚 / 270

2020 "我们的中国梦"文化进万家——"心连心"慰问演出·四川喜德 / 271

《天使礼赞》5·12 慰问医护工作者特别节目 / 271

中国梦·祖国颂——2020 国庆特别节目 / 272

哈佛医学院的这篇论文更像是针对北京的舆论攻击武器 / 272

史蒂夫·班农：蛊惑人心的当代政客 / 273

一场伟大的胜利　创造人类减贫史奇迹 / 273

全球战疫财经观察 / 274

"大剧看总台——中央广播电视总台 2021 年电视剧片单发布活动"融媒体报道 / 274

同行抗"疫"——北京疫情观察（7 集）/ 275

"中拉关系新起点"云展览 H5 专题 / 275

方圆近百里仅此一户，守护着母亲河之源 / 276

中国方案——如何实现全面小康 / 276

华声一笔（8 集）/ 277

全媒体财经高端访谈节目《云起》/ 277

《外国网红解码幸福陕西》大型融媒体采访活动 / 278

罕见！46 只朱鹮竟同框出现 / 278

日本吃不下钓鱼岛！台议员：中国人不像"台独"那样任你欺凌 / 279

战士第一视角看抗洪 / 279

藏医医护人员却吉卓玛驰援武汉 / 280

春花 / 280

中国制度，民族复兴的保障（6 集）/ 281

驻香港部队司令员表态：坚决拥护全国人大涉港决定 / 281

视觉中国——览华夏之美（3 集）/ 282

微视频｜来了！最新版徽风皖韵 / 282

【抗战胜利 75 周年】唱支和平之歌给你听 / 283

口罩众生相：中国故事温暖又励志 / 283

老外在中国·我的北京故事（8 集）/ 284

马丁·雅克：中国共产党领导中国完成了一场卓越的转型 / 284

讲述真相　共抗疫情（7 集）/ 285

绿色发展　中国在行动 / 285

致富有法宝（4 集）/ 286

我的抗"疫"生活（15 集）/ 286

三农奇观（8 集）/ 287

走进日本大使馆：文化同源——茶与花之道 / 287

小鹿直播间之海南自贸港系列移动直播（3 场）/ 288

《中国舆论场》120 分钟大小屏接替融直播 / 288

美育云端课堂（14 场）/ 289

文物"潮"我看（8 集）/ 289

2021，我们要"拼"出怎样的世界 / 290

决胜——脱贫攻坚智惠媒体平台 / 290

云遇中国 / 291

携手阿拉伯网友声援一线工作者 / 291

战"疫"家书　纸短情长 / 292

朋友圈的"疫"场变化 / 292

道法自然　多样之美 / 293

你好 2020——春晚幕后纪事 / 293

青春能量现场（5 集）/ 294

绽放的玫瑰——2020 中国席位全国体操锦标赛女子全能决赛 / 294

评论《历史关头，国民党当有择善而行的勇气》/ 295

舟舶继路传佳话　继往开来谱新篇——中阿传统友好焕发新活力 / 295

上天下海，看 2020 中国硬核科技 / 296

"球王"陨落　一起告别马拉多纳 / 296

我和我的村庄（6 集）/ 297

新影像 / 297

2020 央视频"云观赛" / 298

火车火车哪里开（7 集）/ 298

来央视频　我们向国旗云致敬（38 集）/ 299

特别的爱给特别的你 / 299

央视频"云充电"免费直播课 / 300

超燃动漫：对"疫" / 300

国际人士看中国（7 集）/ 301

一问到底（54 期）/ 301

超级新农人 / 302

人民记忆：百年百城——腾冲奔小康 / 302

锦绣小康 / 303

飒声（16 集）/ 303

喜上加喜 / 304

角儿来了 / 304

体育新闻 / 305

天网 / 305

星推荐 / 306

国防故事 / 306

中国之旅 / 307

对话（西班牙语）/ 307

对话（法语）/ 308

精彩故事汇 / 308

译彩纷呈 / 309

一南军事论坛 / 309

港清楚 / 310

台北直播室 / 310

央视财经 / 311

热评 / 311

央视频"遇鉴"账号 / 312

比划 / 312

国际 3 分钟 / 313

罗理罗说 / 313

"中日韩自贸时代新愿景"电视论坛 / 314

塞尔维亚是中国患难与共的朋友——专访塞尔维亚第一副总理兼外长达契奇 / 314

来自西班牙的声音：我知道，中国能行 / 315

抗疫进行时（13 集）/ 315

新冠疫情对俄合作传播特别报道（13 集）/ 316

与巴西主流媒体合办栏目《中国故事》持续在总台国际传播中扮演重要角色（3 集）/ 316

重塑未来（5 集）/ 317

沙打旺芬芳 / 317

总台记者探访乌克兰客机空难现场：场景太让人悲伤 / 318

地球村里的年轻人（17 集）/ 318

黄河侧　外国客（5 集）/ 319

微纪录片《"枫"华正茂》（50 集）/ 319

互信半世纪　越来越"中意"——献给中意建交五十周年 / 320

西藏　扎西德勒（上下集）/ 320

同饮一江水 / 321

勇攀巅峰之挑战不可能（10 集）/ 321

2020 秘境之眼——新疆河狸（3 集）/ 322

中国话（4 集）/ 322

我们为什么爱唐朝（20 集）/ 323

新冠病毒：走进真相 / 323

最后一公里 / 324

"小康之路"大型融媒体报道项目 / 324

主播的菜园子 / 325

小马哥说：潮流中国三部曲 / 325

三城三梦——波兰人的中国故事 / 326

我的抗疫日记（4 集）/ 326

跟欣姐　说英语（14 集）/ 327

海外抗疫 Vlog（45 集）/ 327

外国网红解码幸福中国（6 集）/ 328

《吃东西》之"鸡蛋十二时辰" / 328

《趣·中国》系列微视频（30 集）/ 329

冷战活化石蓬佩奥 / 329

并肩——给彼此信心和力量 / 330

何以中国·留园之约（10集）/ 330
世界观 / 331
"多彩中国"之"走，去云南""走，去海南"系列直播（24集）/ 331
流动的海派咖啡馆（3集）/ 332
美好生活 / 332
全球战"疫"进行时 / 333
古今乐享中秋节 / 333
印尼警察演唱《武汉加油》/ 334
中国瑜伽第一村 / 334
抗疫音乐故事《我们心在一起》/ 335
《不屈的人类》抗疫主题微视频全球网友互动征集活动 / 335
中智建交50周年特别节目——中智文化往来50年云对话 / 336
中国正在打一场疫情防控的"人民战争" / 336
环球华人 / 337
弘观天下 / 337
热点观察 / 338
聚焦中国 / 338
"画出最大同心圆"系列频道形象宣传片（长城篇、珠峰篇、奔马篇）/ 339
古诗里的春天（3集）/ 339
2020年春晚公益广告《新春数幸福》/ 340
提倡使用公筷主题公益广告《公筷不能少》/ 340
疫情防控专家解答 / 341
勤俭节约——你的食物余额不足 / 341
传递健康声音，携手共克时艰（30集）/ 342
全民战疫公益广告（212集）/ 342
《疫情24小时》平凡英雄（7集）/ 343
YES，WE DO/ 343

创新奖

央视频抗疫"云"系列
——两神山慢直播、云守望大武汉 H5、疫情 24 小时 H5 等新媒体产品
（5 件）

作品信息

所获奖次：创新奖、融媒体类融合创新一等奖
参评项目：融媒体类融合创新
报送单位：视听新媒体中心
作品时长：25 小时 59 分 49 秒
发布平台：央视频
首发日期：2020 年 1 月 27 日

作品评介

2020 年初，新冠肺炎疫情暴发，武汉封城，中央广播电视总台"央视频"第一时间策划并推出"疫情 24 小时"系列融媒体产品，包括系列慢直播以及海量疫情短视频、H5 等，引发网友广泛关注，"云监工""叉酱""挖掘机天团"等关键词多次登上热搜榜。其中《与疫情赛跑！见证火神山、雷神山医院崛起》用慢直播开创传播交互新范式，累计观看量近 2 亿人次，向全球报道了"与疫情赛跑的中国速度"，在抗疫战中发出了主流媒体最强音。

▶ 新媒体展示

扫码即可观看本条获奖作品的新媒体展示

国聘行动
（182集）

作品信息

所获奖次：创新奖、融媒体类融合创新一等奖
参评项目：融媒体类融合创新
报送单位：视听新媒体中心
作品时长：代表作一：1小时42分10秒；代表作二：1小时15分52秒；
代表作三：1小时01分44秒
发布平台：央视频
首发日期：2020年3月2日

作品评介

为全面深入贯彻落实习近平总书记"就业是最大的民生"等重要指示精神，中央广播电视总台央视频5G新媒体平台与各单位合作，于2020年3月2日启动"国聘行动"大型线上"云招聘"活动。截至2020年底，央视频自有渠道招聘信息总阅读量累计2亿余次，活动吸引国内外媒体广泛转载报道，赢得全社会的一致好评。该产品是央视频践行总台高质量发展战略，创新方法手段，打造原创精品，强化工具属性，完善内容生态的一次成功尝试，也是央视频5G新媒体平台抓住用户痛点推出的又一现象级新媒体产品。

新媒体展示

扫码即可观看本条获奖作品的新媒体展示

"小朱配琦"带货直播

作品信息

所获奖次：创新奖、融媒体类融合创新一等奖
参评项目：融媒体类融合创新
报送单位：新闻新媒体中心
发布平台："央视新闻"微博
首发日期：2020年4月6日

作品评介

央视新闻策划出全新的直播节目形态，由央视主播朱广权和"带货达人"李佳琦组成"小朱配琦"组合，一起推荐湖北产品。该节目将传统新闻报道、公益行动与带货直播形式相融合，用网友喜闻乐见的形式实现了从新闻宣传到行动引领的转变，更把媒体融合的边界向前推进一步。"小朱配琦"的创新组合以强烈的话题性引发了媒体、公众的关注，用话题流量引领了主流舆论，完成了主流媒体的社会责任，也解决了湖北的燃眉之急。

扫码即可观看本条获奖作品的新媒体展示

直播：中国"奋斗者"号载人潜水器在挑战者深渊执行下潜任务
（90集）

作品信息

所获奖次：创新奖、国际传播类新闻作品一等奖
参评项目：国际传播类新闻作品
报送单位：新闻中心
作品时长：代表作一：8小时59分10秒；代表作二：3分28秒；代表作三：35秒
发布平台：CGTN官网、新闻频道、中文国际频道等
首发日期及栏目：2020年11月10日《朝闻天下》、《新闻直播间》、The World Today（《今日世界》）、China 24（《中国24小时》）

作品评介

2020年11月，中国"奋斗者"号载人潜水器在全球海洋最深处"马里亚纳海沟"成功创造10909米下潜新纪录，中央广播电视总台全球独家直播了这一盛况，幕后支撑是总台历时5年成功研制的万米深海4K高清视频直播系统，实现了全球首次万米洋底电视直播＋蓝绿激光舱内无线视频通话，创造全球电视直播历史。直播被国内外多家媒体与网络平台转载报道，相关微博、抖音话题阅读量达16亿。

新媒体展示

扫码即可观看本条获奖
作品的新媒体展示

创新奖

成功了！珠峰高程测量登山队今天登顶

作品信息

所获奖次：创新奖、新闻类消息一等奖
参评项目：新闻类消息
报送单位：新闻中心
作品时长：2分17秒
发布平台：综合频道
首发日期及栏目：2020年5月27日《晚间新闻》

作品评介

　　这是时隔15年后中国重返珠峰测高，也是中尼两国首次共同向世界宣布珠峰高程，更是迄今人类科学性、可靠性、创新性最强的一次珠峰高度测量。报道实现了多个"第一"：全世界第一次实现了珠峰登顶高清5G直播；第一次在大本营拍摄到珠峰顶端攀登队员的身影；在央视历史上，第一次由六人前方报道组承担了以往几十甚至上百人团队才能实现的报道任务。该报道是"短、实、新"的代表作，特别是珠峰峰顶5G直播带来的多视角现场画面宝贵而丰富，让所有人以前所未有的角度和方式见证攀登者登顶和在峰顶高程测量的全过程，成为国人值得铭记的历史性画面。

新媒体展示

扫码即可观看本条获奖作品的新媒体展示

全球疫情会诊室
（76 期）

作品信息

所获奖次：创新奖、融媒体类融合创新二等奖
参评项目：融媒体类融合创新
报送单位：英语环球节目中心
作品时长：代表作一：1 小时 05 分 11 秒；代表作二：1 小时 22 分 41 秒；
代表作三：2 小时 05 分 34 秒
发布平台：CGTN 客户端 / 官网、CGTN 海内外社交媒体平台
首发日期：2020 年 3 月 11 日

作品评介

在国内疫情形势出现积极转变的大背景下，武汉抗疫记者首创此档媒体融合创新节目，如实反映了中国医生在新冠肺炎疫情危急关头与国际同行分享救治经验、沟通医疗信息的过程。该系列节目得到国内外多家媒体报道和转载，同时被《抗击新冠肺炎疫情的中国行动》白皮书收录。节目为全球提供了宝贵的中国抗疫实战经验，社会效益明显，已不仅是一个媒体的新闻报道行为，而是演变成一个具有全球公益性质的社会活动，凸显了中国在疫情肆虐的情况下不计得失、建设人类命运共同体的大国风范。

新媒体展示

扫码即可观看本条获奖
作品的新媒体展示

习近平在湖北省考察新冠肺炎疫情防控工作看望慰问奋战在一线的医务工作者解放军指战员社区工作者公安干警基层干部下沉干部志愿者和居民群众时强调 毫不放松抓紧抓实抓细各项防控工作 坚决打赢湖北保卫战武汉保卫战

作品信息

参评项目及奖次：新闻类消息一等奖

报送单位：新闻中心

作品时长：20分15秒

发布平台：综合频道

首发日期及栏目：2020年3月10日《新闻联播》

作品评介

报道记录了习近平总书记赴湖北武汉考察疫情防控工作的重要历史时刻。在相关工作要求极严的情况下，报道团队及时、准确、平稳、高质量完成了任务。报道意义重大、采编考究、播发及时，是2020年全年习近平总书记考察报道中的用心之作、精品之作。在火神山医院和武汉社区等地考察的新闻画面，也成为当年习近平总书记活动报道中的经典镜头与场景，它是有着"时政铁军"之称的中央广播电视总台时政报道团队凝聚力、战斗力、作品表现力的一次集中展示与呈现。

新媒体展示

扫码即可观看本条获奖作品的新媒体展示

成功了！珠峰高程测量登山队今天登顶

作品信息

所获奖次：创新奖、新闻类消息一等奖
参评项目：新闻类消息
报送单位：新闻中心
作品时长：2分17秒
发布平台：综合频道
首发日期及栏目：2020年5月27日《晚间新闻》

作品评介

  这是时隔15年后中国重返珠峰测高，也是中尼两国首次共同向世界宣布珠峰高程，更是迄今人类科学性、可靠性、创新性最强的一次珠峰高度测量。报道实现了多个"第一"：全世界第一次实现了珠峰登顶高清5G直播；第一次在大本营拍摄到珠峰顶端攀登队员的身影；在央视历史上，第一次由六人前方报道组承担了以往几十甚至上百人团队才能实现的报道任务。该报道是"短、实、新"的代表作，特别是珠峰峰顶5G直播带来的多视角现场画面宝贵而丰富，让所有人以前所未有的角度和方式见证攀登者登顶和在峰顶高程测量的全过程，成为国人值得铭记的历史性画面。

新媒体展示

扫码即可观看本条获奖
作品的新媒体展示

中央指导组派出督查组赴黄冈市督查核查

作品信息

参评项目及奖次：新闻类消息一等奖
报送单位：新闻中心
作品时长：4分25秒
发布平台：新闻频道
首发日期及栏目：2020年1月30日《新闻直播间》

作品评介

报道记录了督查组约谈湖北黄冈市卫生系统相关人员的全过程，并对相关责任人进行采访、发问。节目一经播出立即引发强烈舆论反响，播出当天，#黄冈疾控负责人一问三不知#等话题成为微博热搜，累计点击量超过12亿。该报道及时发布权威信息，准确公开报道疫情，积极回应社会关切，促进了问题的解决，推动了疫情防控工作的有序开展，把握"时度效"，有效引导舆论，彰显了主流媒体报道的公信力。特别是建设性新闻舆论监督在关键时刻为疫情敲警钟、为国家聚人心。

▶ 新媒体展示

扫码即可观看本条获奖作品的新媒体展示

武汉市投入使用最早、收治和出院患者最多的方舱——"江汉方舱"今天下午休舱

作品信息

参评项目及奖次：新闻类消息一等奖
报送单位：新闻中心
作品时长：3分41秒
发布平台：中国之声
首发日期及栏目：2020年3月9日《全国新闻联播》

作品评介

投入使用最早、收治和出院患者最多的"江汉方舱"的休舱，是武汉战"疫"迎来胜利的重要标志点，本篇报道及时记录下了这一生动瞬间。这则消息时效性强、现场感强，短短的篇幅承载了丰富的内容和宏大的主题，播出后反响热烈，搜狐、新浪等门户网站纷纷转载。真实的情感，到位的点评，不仅让人们对武汉保卫战的成功满怀信心，更重要的是，让"方舱医院创造了中国经验、体现了中国制度优势"等结论自然形成，有很强的说服力。

 新媒体展示

扫码即可观看本条获奖
作品的新媒体展示

联合国秘书长呼吁国际社会加强合作，杜绝歧视，助力中国战胜疫情

作品信息

参评项目及奖次：新闻类消息一等奖

报送单位：亚洲非洲地区语言节目中心

作品时长：1分33秒

发布平台：内罗毕FM91.9、蒙巴萨FM103.9、桑给巴尔FM99.7、坎帕拉FM107.1、金贾FM107.3

首发日期及栏目：2020年2月9日《新闻资讯》

作品评介

在中国全力抗击新冠肺炎疫情的关键时期，斯瓦希里语部抓住联合国秘书长出席非盟峰会的时机，就新冠肺炎疫情向其提问，得到了他对中国抗疫的支持与声援，意义非凡。该报道在第一时间向受众阐述了中国为抗击新冠肺炎疫情付出的巨大努力，并呼吁国际社会秉持人道主义精神，杜绝任何形式的歧视行为，共同助力中国尽快战胜疫情，具有深刻的现实意义和国际影响力。这是一篇题材重大、时效性强、有分量的独家报道，在广播及新媒体平台均取得了较好的传播效果。

新媒体展示

扫码即可观看本条获奖作品的新媒体展示

"关公"大意失荆州

作品信息

参评项目及奖次：新闻类评论一等奖
报送单位：新闻中心
作品时长：15分08秒
发布平台：综合频道
首发日期及栏目：2020年11月16日《焦点访谈》

作品评介

2020年10月，湖北荆州的一座巨型关公像引起人们的热议，《焦点访谈》记者前往实地进行调查，推出作品《"关公"大意失荆州》。节目播出后，一度登上新浪微博热搜榜前十，被《中国新闻周刊》、澎湃新闻等多家媒体在网络上转载，并在新闻频道多次复播，《新闻1+1》根据该报道邀请专家对该事件进行解读。该作品调查全面深入、直击问题核心、选题切合社会关切，播出后传播效果好，社会关注度高，推动了荆州市相关部门的回应与积极整改。

新媒体展示

扫码即可观看本条获奖作品的新媒体展示

南阳要占万亩基本农田建养猪场，岂能如此"拆东墙补西墙"？

作品信息

参评项目及奖次：新闻类评论一等奖
报送单位：新闻中心
作品时长：9 分 59 秒
发布平台：中国之声
首发日期及栏目：2020 年 8 月 27 日《新闻纵横》

作品评介

报道以新闻述评的形式，独家揭露了河南南阳计划占用 1.5 万亩基本农田建设养猪场一事。该选题站位高、立意深，中央关注、百姓关心。报道调查充分，记者采访了县、市、省三级相关部门，掌握扎实证据。评论旗帜鲜明地指出"锅里有肉"的前提是"碗里有粮"，18 亿亩的耕地红线必须守住。报道播出后引发社会广泛关注，国务院办公厅印发《关于防止耕地"非粮化"稳定粮食生产的意见》，最终从几十个养猪场那里抢回了万亩基本农田。

新媒体展示

扫码即可观看本条获奖作品的新媒体展示

另一个香港
（2集）

作品信息

参评项目及奖次：新闻类专题一等奖
报送单位：新闻中心
作品时长：第一集：34分13秒；第二集：39分17秒
发布平台：央视网、央视新闻客户端、央视频、中文国际频道、新闻频道、综合频道
首发日期及栏目：2020年5月17日在新媒体平台首发，2020年6月6日至7日，中文国际频道特辟时段

作品评介

在严峻的国际舆论形势下，中央广播电视总台新闻中心制作推出内地首部聚焦香港"修例风波"的中文专题片《另一个香港》，以乱港分子破坏法治、扰乱社会的事实为线索，揭露暴力乱港背后的真相，抢占舆论阵地，掌握话语主动权。节目播出后，在电视端和新媒体平台均取得不俗收视率和关注度，引发热议。在推动涉港国安立法期间，该片引领"止暴制乱"舆论、凝聚"一国两制"共识，为国家相关涉港工作营造了有利的国际国内舆论环境。

新媒体展示

扫码即可观看本条获奖作品的新媒体展示

一等奖·新闻类

方舱

作品信息

参评项目及奖次：新闻类专题一等奖
报送单位：新闻中心
作品时长：45分49秒
发布平台：新闻频道
首发日期及栏目：2020年3月7日《新闻调查》

作品评介

该节目委托患者杨晶用手机记录武汉方舱医院内的生活，结合记者的调查，展示了方舱内各工种的工作细节，成为深入展示方舱生活的宝贵影像记录。节目呈现了许多生动的人物和故事，让大家真实而全面地了解在疫情之下举世瞩目的中国方舱医院。节目以个体记录的形式切入具体内容，将真挚的情感、硬核的信息、生动的细节熔于一炉，讲述了疫情初期武汉方舱医院内的抗疫故事，为世界抗击新冠肺炎疫情提供了中国经验。

新媒体展示

扫码即可观看本条获奖作品的新媒体展示

水漫河堤、防汛一级应急响应，秦淮河大堤却被挖空建高档餐厅！

作品信息

参评项目及奖次：新闻类专题一等奖
报送单位：新闻中心
作品时长：8 分 42 秒
发布平台：中国之声
首发日期及栏目：2020 年 7 月 25 日《新闻纵横》

作品评介

　　正值 2020 年夏季南方汛情严峻之际，中国之声推出独家广播舆论监督报道，关注秦淮河大堤上有管理单位擅自将大堤违规挖空用作餐厅一事，深入揭露了当地长期存在的破坏水利设施的严重问题。节目播出后，不仅极具社会传播效应，得到各大新闻网站、App、兄弟单位转载，同时，李克强总理对此作出批示，中纪委网站专门刊文就"秦淮河大堤现象"分析全国水利设施可能潜在的违法乱纪问题，成为 2020 年防汛报道中的"闪光点"。

新媒体展示

扫码即可观看本条获奖
作品的新媒体展示

牢记嘱托 脱贫攻坚
（11集）

作品信息

参评项目及奖次：新闻类系列（连续、组合）报道一等奖
报送单位：新闻中心
作品时长：代表作一：15分08秒；代表作二：15分09秒；代表作三：15分10秒
发布平台：综合频道
首发日期及栏目：2020年8月10日《焦点访谈》

作品评介

该系列节目聚焦习近平总书记走过的11个贫困村，将视角放在困难群众、扶贫干部等普通人身上，用记录式的拍摄方式，真实记录群众和干部齐心协力、脱贫攻坚的故事。作品以平实的叙述方式和接地气的采访讲述波澜壮阔的脱贫攻坚战，让观众真切地感受到在中国共产党的领导下，发挥制度优势解决贫困问题的坚强决心和一心为民的初心。节目播出后，反响强烈，好评不断，受到中央领导、中宣部和总台领导的高度评价。

新媒体展示

扫码即可观看本条获奖作品的新媒体展示

重症 ICU 纪实
（9 集）

作品信息

参评项目及奖次：新闻类系列（连续、组合）报道一等奖
报送单位：新闻中心
作品时长：代表作一：9 分 36 秒；代表作二：8 分 48 秒；代表作三：11 分 51 秒
发布平台：新闻频道
首发日期及栏目：2020 年 3 月 7 日特辟时段

作品评介

该系列报道聚焦武汉抗疫一线重症病房，在全面展现重症救治细节的同时，突出医患之间的特殊情感和团结一致抗击病毒的精神力量。作品传播效果非常显著，9 集累计观看量达到数亿次，多集内容都冲上了当天话题热搜。系列报道的延续性也展现了新冠肺炎重症治疗理念和手段发展的全过程，直击并回应公众关心的重症治疗的热点问题，充分发挥了国家主流媒体的责任担当，彰显了中国"生命至上"的国家意志。

新媒体展示

扫码即可观看本条获奖作品的新媒体展示

山东冠县女子被冒名顶替上大学事件追踪
（3集）

作品信息

参评项目及奖次：新闻类系列（连续、组合）报道一等奖
报送单位：人事局（山东总站）
作品时长：第一集：43秒；第二集：1分57秒；第三集：1分42秒
发布平台：新闻频道
首发日期及栏目：2020年6月13日《新闻直播间》

作品评介

山东聊城冠县一名女子被冒名顶替上大学事件曝光后，中央广播电视总台山东总站记者李秉禅、孙川第一时间对此展开调查，独家获取了诸多有力证据，对冒名顶替行为进行了深度披露。节目播出后，引发社会广泛关注。随后，《中华人民共和国刑法修正案（十一）》也增设了"冒名顶替罪"，并于2021年3月1日正式实施。关于该事件的系列报道，介入迅速、深度挖掘、持续跟进，在回应社会关切的同时，更推动了法治进程，维护了教育公平。

▶ 新媒体展示

扫码即可观看本条获奖作品的新媒体展示

大法官开庭——湘西扫黑风云
（3集）

作品信息

参评项目及奖次：新闻类系列（连续、组合）报道一等奖
报送单位：总编室
作品时长：每集28分钟
发布平台：综合频道
首发日期及栏目：2020年12月4日《今日说法》

作品评介

　　正值"扫黑除恶三年专项斗争"的收官之年，摄制组扎根山高路险的湘西长达两个月，独家、深入、全景式报道了一起中央督导、全国关注、跨度20年的扫黑大案，选题典型，时代意义强，极具代表性。节目播出后反响强烈，好评如潮，观众纷纷表示：扫黑除恶，大快人心，感受到了来自中央的决心，感受到了法治的力量，感受到了习近平总书记反复提及的幸福感、安全感、获得感。最高人民法院将其誉为廉政教育的视频"教科书"。

新媒体展示

扫码即可观看本条获奖
作品的新媒体展示

武汉解除离汉离鄂通道管控直播
（6集）

作品信息

参评项目及奖次：新闻类系列（连续、组合）报道一等奖
报送单位：人事局（湖北总站）
作品时长：代表作一：5分58秒；代表作二：6分35秒；代表作三：3分04秒
发布平台：新闻频道
首发日期及栏目：2020年4月8日《午夜新闻》《朝闻天下》

作品评介

4月8日零时，武汉解除离汉通道管控措施，新闻频道前方团队通过系列现场直播全景呈现了这一历史瞬间，展现了武汉保卫战、湖北保卫战取得阶段性成果的标志性行动。该报道主题重大，关注度高，且有饱满的人文关怀，是践行"四力"的生动新闻实践。节目用极强的时效性、新闻性，实现了传播效果最大化，于关键时刻增添了战胜疫情的信心，形成了良好的舆论氛围和传播声势，向世界传递了抗疫斗争中的中国精神、中国力量、中国担当。

新媒体展示

扫码即可观看本条获奖作品的新媒体展示

天使日记
（54集）

作品信息

参评项目及奖次：新闻类系列（连续、组合）报道一等奖
报送单位：新闻中心
作品时长：代表作一：5分19秒；代表作二：10分18秒；代表作三：8分40秒
发布平台：中国之声
首发日期及栏目：2020年1月29日《新闻纵横》

作品评介

医护人员以语音日记形式记录战"疫"一线的局势变化，与患者生死与共的患难深情，危难之中愈发浓重的亲情、爱情、人间真情。系列报道既有极强的新闻性，又体现了浓浓的人文情怀，这些来自重症监护室、普通病房、方舱医院的声音日记汇聚成战"疫"一线最真实最动人的"广播连续剧"。这部特殊的战"疫"日记真实细腻，直抵心灵，取得了广泛、持久、积极向上的社会效果。

新媒体展示

扫码即可观看本条获奖作品的新媒体展示

纪念中国人民志愿军抗美援朝出国作战70周年特别节目《胜利的回响》
（9集）

作品信息

参评项目及奖次：新闻类系列（连续、组合）报道一等奖
报送单位：军事节目中心
作品时长：代表作一：20分20秒；代表作二：20分47秒；代表作三：17分55秒
发布平台：中国之声
首发日期及栏目：2020年10月15日《国防时空》

作品评介

　　该节目是中央广播电视总台纪念中国人民志愿军抗美援朝出国作战70周年的广播精品佳作，思想性、艺术性、可听性兼备，主题鲜明，恢宏大气，富有情怀。作品将"音频+"巧妙融入动画、视频等多种元素，全媒体传播效果良好，充分体现了总台广播媒体的权威性与专业水准。节目精心选题立意，创新呈现方式，注重立体传播，探索了历史题材广播系列报道的新范式；同时注重发挥声音感染力，唤起听众内心深处的民族文化认同和爱国主义意识，打造了抗美援朝历史的新时代广播印记。

新媒体展示

扫码即可观看本条获奖作品的新媒体展示

十个人的口述实录《武汉武汉》
（10集）

作品信息

参评项目及奖次：新闻类系列（连续、组合）报道一等奖
报送单位：人事局（湖北总站）
作品时长：代表作一：21分18秒；代表作二：23分31秒；代表作三：36分22秒
发布平台：中国之声
首发日期及栏目：2020年3月3日《央广夜新闻》

作品评介

该组稿件在武汉战"疫"过程中推出，以全景式视角呈现出特定时间、特定地点的"中国抗疫故事"。在宏大的叙事视角下，从个体的"口述实录"切入，将真挚的情感、硬核的信息、生动的细节熔于一炉，真实可信的报道在复杂的舆情之中更显可贵。该作品不仅丰富了口述实录新闻体裁的内涵，也为构建多元而生动的中国抗疫历史提供了有益补充，在听众和业内均得到很高的评价，其全部音频已被国家博物馆珍藏，并经现代出版社正式出版。

新媒体展示

扫码即可观看本条获奖
作品的新媒体展示

武汉直播间：中国—世界卫生组织发布新型冠状病毒肺炎联合考察报告 考察组中方组长梁万年解读报告

作品信息

参评项目及奖次：新闻类访谈节目一等奖
报送单位：新闻中心
作品时长：42分26秒
发布平台：新闻频道
首发日期及栏目：2020年3月1日《战疫情》特别报道

作品评介

该报道是在考察组中方组长梁万年结束北京发布会回到武汉后，第一时间进行的独家专访，梁万年介绍了世卫组织考察结果以及世卫组织对中国抗疫工作的积极评价。访谈内容被全网转载，节目取得了很好的播出效果，成为发布权威专家解读的重要窗口，群众了解疫情形势和防控举措的重要信息渠道，树立一线抗疫工作正面形象的重要阵地。节目选题重大，采访具有独家性，访谈推进逻辑清晰、信息量大，对于回应当时社会上的种种疑问、坚定中国人民抗疫的信心起到了不可估量的作用。

新媒体展示

扫码即可观看本条获奖作品的新媒体展示

张桂梅：大山里的女校

作品信息

参评项目及奖次：新闻类访谈节目一等奖
报送单位：新闻中心
作品时长：22 分 05 秒
发布平台：新闻频道
首发日期及栏目：2020 年 6 月 27 日《面对面》

作品评介

2020 年高考前一周，《面对面》播出对全国第一所全免费公办女子高中——丽江华坪女子高级中学的校长张桂梅的专访。节目播出后反响巨大，采访片段在微博、微信及短视频平台等被反复引用和转载，热度持续走高。张桂梅作为教育脱贫的地方典型，在节目播出后一跃成为极具国民度的公众人物，体现了节目的原创力和对播出时机的把握，是新闻人践行"四力"的典型作品。该节目播出后引发的现象级传播，成为大屏带动小屏、大小屏互动传播的典型案例。

 新媒体展示

扫码即可观看本条获奖
作品的新媒体展示

男孩头卡车窗路人搭救,现场视频争议升级,对话当事双方探讨社会道德困境

作品信息

参评项目及奖次:新闻类访谈节目一等奖
报送单位:新闻中心
作品时长:47分56秒
发布平台:中国之声
首发日期及栏目:2020年11月17日《新闻有观点》

作品评介

节目除独家采访双方当事人,还对话法律专家、心理学者,对可能发生的诉讼结果作出分析,同时呼吁网友加以理解,避免恶意炒作。节目以主流媒体的高度操作"网红"选题,用新闻专业主义的态度挖掘热点事件的信息增量,以真诚职业的方式对话当事人,既调解矛盾,又阐发道理,启迪普通人"追热点"时的思考。该节目让社会公众的关切得到回应,提升了社会大讨论的价值,在广播节目和新媒体传播中都可以说做到了"成风化人、凝心聚力"。

新媒体展示

扫码即可观看本条获奖作品的新媒体展示

《战疫情》特别报道

作品信息

参评项目及奖次：新闻类新闻现场直播一等奖
报送单位：新闻中心
作品时长：1 小时 52 分 42 秒
发布平台：新闻频道
首发日期及栏目：2020 年 1 月 26 日特辟时段

作品评介

在举国战"疫"的特殊时期，央视新闻频道推出《战疫情》特别报道，成为发布官方政策、权威声音的重要窗口，以及群众了解疫情形势和防控举措的重要信息渠道。节目始终高举旗帜、引领导向、明辨是非、澄清谬误，在关键时刻统一了思想、凝聚了共识、树立了信心，以"零失误"的报道稳定社会情绪，为疫情防控和经济社会发展"双胜利"营造了良好的舆论氛围。该节目开播首日收视率即达 4.57%，观众规模超过 1.2 亿，并带动新闻频道收视份额蹿升至开播以来最高值。

新媒体展示

扫码即可观看本条获奖作品的新媒体展示

嫦娥五号探测任务特别直播《嫦娥再探月》

作品信息

参评项目及奖次：新闻类新闻现场直播一等奖
报送单位：新闻中心
作品时长：1 小时 29 分 53 秒
发布平台：中国之声
首发日期及栏目：2020 年 11 月 24 日特辟时段

作品评介

  节目通过记者连线、现场解说、录音报道等多种方式，完整记录了长征五号遥五运载火箭搭载嫦娥五号成功发射升空并将其送入预定轨道的全过程。该直播设计巧妙新颖、内容丰富，充分突出了现场感与画面感，既全面呈现了发射过程，又充分体现了广播的声音特色，可谓全面记录了我国月球探测的历史性一刻，充分反映了我国航天事业的辉煌成就，是一篇不可多得的广播现场直播优秀作品。

▶ 新媒体展示

扫码即可观看本条获奖作品的新媒体展示

2020年4月8日《晚间新闻》特别编排《武汉离汉通道管控解除第一天》

作品信息

参评项目及奖次：新闻类新闻节目编排一等奖
报送单位：新闻中心
作品时长：30分钟
发布平台：综合频道
首发日期及栏目：2020年4月8日《晚间新闻》

作品评介

该报道抓住"武汉离汉通道管控解除第一天"这个抗疫重大节点，全景式、立体化生动展现中国抗疫重大阶段性成果。节目播出后反响强烈，被多家媒体广泛转发，同时在国际舆论场上传递中国声音，彰显中国立场，获得各方高度认可。该节目回顾过往、聚焦当下、展望未来，统筹把握国内国际，对中国抗疫形势以及如何推动全球共同抗疫都有观照，引发观众共情共鸣，传递出战胜疫情的信心与希望，体现了主流媒体的责任与担当。

新媒体展示

扫码即可观看本条获奖
作品的新媒体展示

一等奖·新闻类

2020年1月26日中国之声《〈战疫情〉特别报道》

作品信息

参评项目及奖次：新闻类新闻节目编排一等奖
报送单位：新闻中心
作品时长：1小时
发布平台：中国之声
首发日期及栏目：2020年1月26日《新闻晚高峰》

作品评介

新冠肺炎疫情暴发以后，中国之声与央视新闻频道同日开通《战疫情》特别报道，成为全国抗击新冠肺炎疫情最权威、最有影响力的舆论阵地。作为特别报道的首期节目，1月26日的《战疫情》时效性和权威性极强，兼顾信息、服务和情感，体现了编辑团队高超的专业水准。节目充分回应社会关切，凝聚了抗疫共识，构建起抗击疫情的强大社会合力，极大地鼓舞了全社会抗击疫情的信心和决心，为打赢疫情防控阻击战营造了良好的舆论氛围。

▶ 新媒体展示

扫码即可观看本条获奖作品的新媒体展示

人民至上
——全国抗击新冠肺炎疫情表彰大会特别报道

作品信息

参评项目及奖次：新闻类大型节目一等奖
报送单位：新闻中心
作品时长：4 小时 17 分 32 秒
发布平台：新闻频道
首发日期及栏目：2020 年 9 月 8 日特辟时段

作品评介

9 月 8 日，全国抗击新冠肺炎疫情表彰大会在人民大会堂隆重举行，新闻频道播出特别节目《人民至上》，围绕大会预热、大会直播、大会解读推进，展示了全国人民共同战"疫"、用团结取得抗疫伟大胜利的历程。该节目题材重大，充分、灵活运用多种电视表现手段，将大会完整流畅地呈现在屏幕上，既有新闻性又有故事性，还兼具了艺术美感。节目播出后引起了很好的社会反响，起到了凝聚人心、增强信心的作用，是时政直播报道中不可多得的佳作。

新媒体展示

扫码即可观看本条获奖
作品的新媒体展示

纪念中国人民志愿军抗美援朝出国作战70周年大型系列报道《共和国不会忘记》

（63集+10集）

作品信息

参评项目及奖次：新闻类大型节目一等奖
报送单位：新闻中心
作品时长：代表作一：4分11秒；代表作二：11分33秒；代表作三：14分47秒
发布平台：中国之声
首发日期及栏目：2020年9月7日《新闻和报纸摘要》《新闻纵横》

作品评介

该系列报道是央广中国之声为纪念中国人民志愿军抗美援朝出国作战70周年，从2020年9月初到11月7日先后推出的两个系列、一次直播三部分精品原创报道。系列报道充分彰显广播特色，积极体现融合创新，展现了中国人民志愿军不畏强敌、英勇斗争的精神，以及中国人民热爱和平、保卫和平的决心。节目通过多个新媒体平台进行多种形式传播，在主旋律报道中取得突出成绩，既为受众拨开厚重的历史烟云，也为历史留存珍贵的声音资料。

▶ 新媒体展示

扫码即可观看本条获奖作品的新媒体展示

跨过鸭绿江
（40集）

作品信息

参评项目及奖次：影视纪录类电视剧一等奖
报送单位：影视剧纪录片中心
作品时长：代表作一：45分24秒；代表作二：41分35秒；代表作三：41分34秒
发布平台：综合频道
首发日期及栏目：2020年12月27日《黄金剧场》

作品评介

该片首次采用重大革命历史题材的样式，以影视艺术的形式，全景式、史诗般生动展现了艰苦卓绝的抗美援朝战争和轰轰烈烈的抗美援朝运动。作品立意高远、格局宏大、视野广阔，制作精良，播出后创下近几年来"一黄"收视最高纪录及同时段收视冠军。该片成功塑造了抗美援朝英雄群像，呈现出强烈的纪实性和深刻的人文性，形象地揭示了新中国自立于世界民族之林的大国地位和民族尊严是怎样奠定的，有力弘扬了爱国主义、革命英雄主义和国际主义精神。

新媒体展示

扫码即可观看本条获奖作品的新媒体展示

抗美援朝保家卫国
（20集）

作品信息

参评项目及奖次：影视纪录类纪录片一等奖
报送单位：华语环球节目中心
作品时长：每集30分钟
发布平台：中文国际频道
首发日期及栏目：2020年10月12日《国家记忆》

作品评介

为纪念中国人民志愿军抗美援朝出国作战70周年，总台推出20集大型纪录片《抗美援朝保家卫国》。通过大量首度披露的珍贵影像和文献档案，高度还原并回顾了抗美援朝战争历程，讲述了党中央艰难决策、志愿军秘密赴朝、历次重大战役、停战谈判、志愿军凯旋归国等重大历史事件的全过程，以及部分志愿军英模、战斗集体和他们可歌可泣的英雄事迹。本片通过国际视野和创新表达方式，忠实呈现，保证了节目内容的真实性、可视性与历史厚重感。

▶ 新媒体展示

扫码即可观看本条获奖作品的新媒体展示

而立浦东
（6集）

作品信息

参评项目及奖次：影视纪录类纪录片一等奖
报送单位：财经节目中心
作品时长：代表作一：45分钟；代表作二：45分钟；代表作三：47分钟
发布平台：综合频道
首发日期及栏目：2020年11月10日特辟时段

作品评介

该片采访了200多位浦东开发开放的决策者、亲历者、见证者，通过他们的讲述和故事，以及重要历史文献资料的呈现，以宏大的历史纵深感和澎湃的艺术渲染力生动展现了在党中央坚强领导下，浦东开发开放的辉煌历程，彰显了浦东改革开放排头兵、创新发展先行者的奋斗形象。纪录片展示了一个全面、优质、健康发展的浦东，将中国先进的城市发展案例通过影像分享给全世界，并进行了从制作、宣传到播出等全方位融媒体创新的探索，是中央广播电视总台讲好中国故事的一次成功尝试。

新媒体展示

扫码即可观看本条获奖作品的新媒体展示

英雄儿女
（6集）

作品信息

参评项目及奖次：影视纪录类纪录片一等奖
报送单位：总编室
作品时长：代表作一：50分钟；代表作二：52分钟；代表作三：52分29秒
发布平台：综合频道
首发日期及栏目：2020年10月21日特辟时段

作品评介

  该片通过对一个个生动人物的讲述，展现中国人民志愿军的英雄事迹和革命精神，展现全国各族人民同仇敌忾、众志成城的爱国情怀，彰显中华民族不畏强暴、维护和平的坚定决心和巨大贡献。作品首轮连续三天播出后，反响热烈，在中央广播电视总台各平台跨屏传播的总触达次数为9.33亿次。众多专家学者、抗美援朝老兵，包括洪学智、邓华、许光达等英雄的儿女，高度称赞"这种纪实的力量是别的片子不能比的"。该片是全国观众在纪念抗美援朝70周年，重温历史的一部力作。

 新媒体展示

扫码即可观看本条获奖作品的新媒体展示

《航拍中国》第三季——《一同飞越》
（10集）

作品信息

参评项目及奖次：影视纪录类纪录片一等奖
报送单位：影视剧纪录片中心
作品时长：每集50分钟
发布平台：综合频道、纪录频道
首发日期及栏目：2020年5月21日《特别呈现》（综合频道、纪录频道同天首播）

作品评介

该片以"如何从空中讲好中国故事"的命题为导向，将独特的空中叙事与航拍美学巧妙融合，采用宏观鸟瞰自然发展与微观关注人文历史相结合的全新影像语言，全方位展示了云南、安徽、贵州、山东、天津、山西、吉林、湖南、河北、宁夏10个省市自治区的历史人文景观、自然地理风貌及建设发展成就，打造出又一张呈现美丽中国、生态中国、文明中国的"国家空中影像名片"，向世界传播一个生动、立体、全面的中国。

新媒体展示

扫码即可观看本条获奖
作品的新媒体展示

一等奖·影视纪录类

为了和平
（6集）

作品信息

参评项目及奖次：影视纪录类纪录片一等奖
报送单位：军事节目中心
作品时长：代表作一：53分44秒；代表作二：56分39秒；代表作三：50分28秒
发布平台：综合频道
首发日期及栏目：2020年10月18日特辟时段

作品评介

该片采取史论结合、故事表达的方式，回顾呈现中国共产党领导抗美援朝战争的光辉历程和宝贵经验，全面反映抗美援朝战争的正义性质和伟大胜利，深入反映伟大的抗美援朝精神的丰富内涵和时代价值，集中展示中国人民志愿军的英雄事迹和革命精神。该作品是重大选题创作的一个代表，体现了文艺工作者在推出讴歌党、讴歌祖国、讴歌人民、讴歌英雄的精品力作方面作出的努力和取得的成效，是理论文献纪录片进行创新的一次很好的探索。

▶ 新媒体展示

扫码即可观看本条获奖作品的新媒体展示

同心战"疫"
（6集）

作品信息

参评项目及奖次：影视纪录类纪录片一等奖
报送单位：新闻中心
作品时长：代表作一：54分18秒；代表作二：55分05秒；代表作三：55分钟
发布平台：综合频道
首发日期及栏目：2020年9月2日特辟时段

作品评介

该片是对这场史诗级抗疫战争的国家影像留存，全景式地展现中国人民抗击新冠肺炎疫情这场艰苦卓绝战争的全过程。作品得到众多媒体重点报道和置顶转发，中央广播电视总台电视端累计观看量6.06亿次，新媒体端总浏览量达2.01亿次，取得了良好的传播效果。本片通过对大量事实和细节的系统化梳理，揭示出中国共产党领导和中国特色社会主义制度的显著优势是这次战"疫"的胜利之本，向世界展示伟大的中国力量、中国精神、中国效率。

新媒体展示

扫码即可观看本条获奖作品的新媒体展示

武汉：我的战"疫"日记
（30集）

作品信息

参评项目及奖次：影视纪录类纪录片一等奖
报送单位：影视剧纪录片中心
作品时长：每集5分钟
发布平台：纪录频道
首发日期及栏目：2020年2月3日《"微9"短视频》

作品评介

该作品采用"视频日记"的表现手法，以医护人员、普通市民和外地援助者等武汉疫情亲历者的主观视角，讲述他们在武汉抗击疫情过程中的温暖故事。作品四次登上微博热搜榜单，微博话题阅读总量12.32亿次。该片打破了传统的纪录片生产方式，将纪录片生产"新闻化"，使用Vlog（视频日记）微纪录体裁第一人称视角拍摄，兼具新闻的"速度"与纪录片的"深度"。在疫情关键期，作品不仅具有记录的意义，更鼓舞了全国人民战胜疫情的信心。

▶ 新媒体展示

扫码即可观看本条获奖作品的新媒体展示

《记住乡愁》第六季
（40集）

作品信息

参评项目及奖次：影视纪录类纪录片一等奖
报送单位：华语环球节目中心
作品时长：每集 30 分钟
发布平台：中文国际频道
首发日期及栏目：2020 年 1 月 2 日《记住乡愁》

作品评介

节目通过中华大地上一座座著名的历史文化名城，以故事化的讲述方式，梳理中华优秀传统文化的由来、传承和发展，展现古城中的家国情怀。该片首播平均收视率 0.48%，位居全国同时段专题纪录片节目收视第一。该片播出期间正值新冠肺炎疫情暴发，古城中那些风雨同舟、甘苦与共的故事，那些万众一心、共克时艰的传奇，成为抗击疫情期间用中华优秀传统文化凝聚力量、温暖人心的精神力量，唤起了海内外华人的家乡记忆、家国情怀，为抗击疫情营造出良好的舆论氛围。

新媒体展示

扫码即可观看本条获奖
作品的新媒体展示

巍巍天山
——中国新疆反恐记忆

作品信息

参评项目及奖次：影视纪录类纪录片一等奖
报送单位：英语环球节目中心
作品时长：57分54秒
发布平台：CGTN英语新闻频道
首发日期及栏目：2020年6月19日特辟时段

作品评介

该纪录片通过聚焦31位恐怖袭击事件幸存者和目击者的故事，揭示新疆暴恐犯罪行为的实质，真实呈现中国治疆方略带给新疆的安定团结、发展进步，有力揭穿美方大肆诋毁中国新疆人权状况、恶毒攻击中国政府治疆政策的荒谬之举。本作品是2020年度中国对外传播的标志性新闻事件，对于打破西方舆论垄断、构建中国新疆反恐完整话语体系、进一步让国内外受众了解事实真相，发挥了积极作用。该纪录片为如何讲述中国故事，如何有效回应美西方舆论对于中国新疆的攻击，提供了有价值的传播方法。

新媒体展示

扫码即可观看本条获奖作品的新媒体展示

新大头儿子和小头爸爸 英雄梦
（100集）

作品信息

参评项目及奖次：影视纪录类动画片一等奖
报送单位：中国国际电视总公司
作品时长：代表作一：10分09秒；代表作二：10分11秒；代表作三：9分46秒
发布平台：少儿频道
首发日期及栏目：2020年7月29日《动画大放映》

作品评介

该片是央视动漫集团重点打造的新经典品牌"新大头儿子和小头爸爸"系列的又一力作，以央视著名动画品牌形象大头儿子和小头爸爸作为主角，立足新时代，着力打造的以"怀抱英雄梦想，致敬平凡英雄"为主题的动画新品牌。作品主题昂扬向上，充满正能量，对孩子树立正确的教育观、家庭观和人生观起到了积极正向的引导作用，符合中央广播电视总台守正创新，打造更多叫得响、站得住、传得开的精品力作的精神主旨。该片一经播出便获得了广大粉丝的喜爱，取得了广泛的社会影响。

新媒体展示

扫码即可观看本条获奖
作品的新媒体展示

2020 开学第一课

作品信息

参评项目及奖次：文艺类文艺专题一等奖
报送单位：总编室
作品时长：1 小时 28 分
发布平台：综合频道
首发日期及栏目：2020 年 9 月 1 日《开学第一课》

作品评介

作品以"少年强，中国强"为主题，传递"人民至上，生命至上"的价值理念，邀请钟南山、张伯礼、张定宇、陈薇等抗疫英雄讲述感人至深的抗疫故事。节目在北京、武汉同时设置了课堂，并通过"云连线"让全国多地中小学生参与互动。作品立意高远，注重故事化表达，旨在以润物无声的方式为中国少年儿童健康成长提供珍贵的精神滋养。各界人士盛赞此节目，称其不仅是一堂体现中国价值、中国精神的生命礼赞课，同时更是一堂面向未来的爱国主义教育课。

▶ 新媒体展示

扫码即可观看本条获奖作品的新媒体展示

庆祝中国人民广播事业创建 80 周年特别节目《声震长空》
（10 集）

作品信息

参评项目及奖次：文艺类文艺专题一等奖
报送单位：文艺节目中心
作品时长：代表作一：22 分 21 秒；代表作二：26 分 06 秒；代表作三：23 分 31 秒
发布平台：经典音乐广播
首发日期及栏目：2020 年 12 月 21 日《日出古典》

作品评介

作品以纵横交错的双线架构推进，纵线是按照时间轨迹展开的文艺广播发展脉络，横线是回顾广播记录的国家大事及历史时刻。按重大事件和广播文艺体裁，节目分为《听·戏》《听·乐》《听·说》《听·歌》《听·难忘的中国声音》五大篇章，用珍贵的录音、动听的旋律、难忘的经典等极具人文色彩的广播语言全景式再现了 80 年来人民广播事业的发展脉络，再现了 80 年来人民广播作为党的政策主张的传播者、时代风云的记录者、社会进步的推动者、公平正义的守望者的奋斗历程。

新媒体展示

扫码即可观看本条获奖作品的新媒体展示

悬崖村
（12集）

作品信息

参评项目及奖次：文艺类文艺专题一等奖
报送单位：文艺节目中心
作品时长：代表作一：28分08秒；代表作二：28分51秒；代表作三：27分50秒
发布平台：阅读之声
首发日期及栏目：2020年10月30日《纪实春秋》

作品评介

12集广播纪实文学《悬崖村》根据获得"骏马奖"的同名报告文学改编，以丰富、生动的声音，饱含感情地讲述了我国彝族地区典型贫困山村"悬崖村"脱贫攻坚的奋斗历程，唱响脱贫攻坚的时代新声。节目除了在阅读之声、文艺之声相继播出，还率先上线新媒体平台，形成矩阵传播。该作品构思精巧，采访扎实，音响丰富，制作精良，演播情感真挚，传递出直抵人心的温暖和力量，不失为脱贫攻坚题材的广播文艺精品节目。

扫码即可观看本条获奖作品的新媒体展示

《故事里的中国》第二季
（9集）

作品信息

参评项目及奖次：文艺类综艺节目一等奖
报送单位：总编室
作品时长：代表作一：1小时12分29秒；代表作二：1小时07分56秒；
代表作三：1小时21分17秒
发布平台：综合频道
首发日期及栏目：2020年1月25日《故事里的中国》第二季

作品评介

《故事里的中国》是中央广播电视总台重点打造的大型文化节目，通过"戏剧+影视+综艺"的创新性表达，重现文艺经典，让经典"活"起来，在文化传承中强基固本，在守正创新中"培根铸魂"。节目播出以来，以其新颖的表现形式、深刻的思想内涵和融合的传播手段获得了一致认可。作品开辟了全新的叙事场域——怀着为时代画像、立传、明德的创新魄力，勇于回答时代课题，努力描绘属于这个时代的精神图谱。

新媒体展示

扫码即可观看本条获奖
作品的新媒体展示

《国家宝藏》第三季第二期《秦始皇帝陵》

作品信息

参评项目及奖次：文艺类综艺节目一等奖
报送单位：文艺节目中心
作品时长：1小时42分
发布平台：综艺频道
首发日期及栏目：2020年12月13日特辟时段

作品评介

这一季节目站在紫禁城建成600年的时间节点上，将中华文明放置到整个人类文明的坐标系里，透过影像化展示、故事化讲述，携手九座享誉世界的历史文化遗产，拉开一幅泱泱中华、万古江河的壮阔画卷。此次参评为第二期《秦始皇帝陵》，邀请著名演员和秦始皇帝陵博物院专家等嘉宾讲述其前世今生，从秦始皇帝陵中的文物一窥当时大秦的恢宏气象。第三季从开播至收官，全网视频播放量超16亿，累计微博话题阅读量110.2亿。

新媒体展示

扫码即可观看本条获奖作品的新媒体展示

《经典咏流传》第三季
（11期）

作品信息

参评项目及奖次：文艺类综艺节目一等奖
报送单位：总编室
作品时长：代表作一：1小时28分46秒；代表作二：1小时22分49秒；
代表作三：1小时33分40秒
发布平台：综合频道
首发日期及栏目：2020年1月26日《经典咏流传》

作品评介

　　《经典咏流传》原创"和诗以歌"的模式，用流行音乐演绎经典文学作品，积极响应了"推动传统文化的创造性转化和创新性发展"与"挖掘传统文化的世界意义和当下价值"的号召，旨在传承和传播中华优秀传统文化，传递向上向善的主流价值。作为央视文化节目的标杆之作，《经典咏流传》是中国首个获"亚广联"大奖的文化节目，它以较高的艺术水准和深刻的文化内涵，为现代文明追本溯源，树立文化自信，带给观众正向的价值和能量。

新媒体展示

扫码即可观看本条获奖
作品的新媒体展示

中国声音中国年（启程篇）

作品信息

参评项目及奖次：文艺类综艺节目一等奖
报送单位：文艺节目中心
作品时长：1小时29分51秒
发布平台：音乐之声
首发日期及栏目：2020年1月24日特辟时段

作品评介

《中国声音中国年》作为广播版"春晚"，在春节联欢晚会拉开大幕前夕，成为人们回家路上的温暖陪伴。2020年特别节目以2019年新中国成立70周年系列庆祝活动作为切入点，综合运用新闻、音乐、戏曲、曲艺、文学等跨界创新手法，展现2019年中国政治、经济、社会、文化、生态各个方面取得的举世瞩目的成就，也展现出普通老百姓内心满满的幸福感。作品是中央广播电视总台2020年春节联欢晚会的延伸与补充，是充分彰显总台传播力、影响力、融合力的年度精品力作。

扫码即可观看本条获奖作品的新媒体展示

脱贫攻坚题材纪实广播连续剧《芨芨草》
（3集）

作品信息

参评项目及奖次：文艺类广播剧一等奖
报送单位：文艺节目中心
作品时长：第一集：23分42秒；第二集：24分21秒；第三集：23分14秒
发布平台：阅读之声
首发日期及栏目：2020年12月28日《阅读时光》

作品评介

在脱贫攻坚决战决胜之年，文艺节目中心特别策划创作了广播连续剧《芨芨草》。该剧以"2019年全国脱贫攻坚奖奋进奖"获得者李耀梅为原型，通过戏剧冲突、人物性格塑造和音乐音响的运用等，再现了在党的关心扶持下，李耀梅靠诚信和双手摆脱贫困的故事，以及她乐观向上、坚韧不屈的精神。作品选材独特，以小见大，通过李耀梅的故事反映脱贫攻坚的时代大主题。业内专家认为："这是一部有人物形象、有矛盾冲突的好戏！一部为草根立传、为善良讴歌的作品。"

新媒体展示

扫码即可观看本条获奖作品的新媒体展示

中央广播电视总台 2020 年春节联欢晚会

作品信息

参评项目及奖次：文艺类演出活动一等奖
报送单位：文艺节目中心
作品时长：4 小时 32 分
发布平台：综合频道
首发日期及栏目：2020 年 1 月 24 日特辟时段

作品评介

晚会以"共圆小康梦 欢乐过大年"为主题，荟萃多种艺术形式，集聚文艺名家的精彩表演，一如既往地在除夕夜陪伴观众辞旧迎新、守岁纳福。在举国战"疫"的特殊时刻，晚会用文艺会演为每一位奔赴前线的抗疫英雄奏响凯歌、为每一位居家隔离的普通群众送来温暖，以此来提振士气、鼓舞人心，凝聚全体中华儿女的爱国主义情怀，这正是春晚为人民服务的最好实践，更是艺术回馈人民、文艺服务大众的生动写照。

新媒体展示

扫码即可观看本条获奖作品的新媒体展示

2020年中央广播电视总台中秋晚会

作品信息

参评项目及奖次：文艺类演出活动一等奖
报送单位：华语环球节目中心
作品时长：1小时51分
发布平台：中文国际频道
首发日期及栏目：2020年10月1日特辟时段

作品评介

2020年中央广播电视总台秋晚将地方文化元素与国家平台和全民秋晚的理念巧妙融合，结合频道特点，将中华文明与世界文化相结合，将思念亲情赋予时代特征，打造"央视秋晚"的品牌。晚会收视率稳居全国同时段第一，总收视率4.542%，跨屏触达人群8亿，广告收入1.5亿元。各大主流传统媒体和门户网站纷纷用"惊艳""燃爆""收割""刷屏"等标题盛赞总台秋晚，称赞其"立意高远，润物无声"，"是中国传统美学文化的一次盛宴"。

新媒体展示

扫码即可观看本条获奖
作品的新媒体展示

"乐"来越好
——中俄民乐公益云享音乐会

作品信息

参评项目及奖次：文艺类演出活动一等奖
报送单位：欧洲拉美地区语言节目中心
作品时长：50分钟
发布平台：圣彼得堡FM102.4电台
首发日期及栏目：2020年5月9日胜利日特别节目

作品评介

在中俄携手战"疫"的关键阶段和俄罗斯庆祝卫国战争胜利75周年之际，中央广播电视总台欧洲拉美地区语言节目中心俄语部策划推出了该节目，创新性地利用云平台让两国音乐家"同台"献艺。俄罗斯圣彼得堡FM102.4电台对音乐会首播进行了全程音频直播，中俄头条客户端、央视新闻客户端等中俄两国新媒体平台同步进行视频首播直播。中俄两国民乐演奏家携手，以各自的民族乐器作为特殊载体，为两国观众献上了一场特别的视听盛宴，突出展现了中俄友好的坚实民意基础，以及在疫情背景下守望相助的精神力量。

▶ 新媒体展示

扫码即可观看本条获奖作品的新媒体展示

突破!全国第一例、第二例由遗体解剖获得的新冠肺炎病理今日送检

作品信息

参评项目及奖次:融媒体类文字消息一等奖
报送单位:新闻新媒体中心
作品字数:250 字
发布平台:"央视新闻"微博
首发日期:2020 年 2 月 16 日

作品评介

2020 年 2 月 16 日凌晨 3 时许,全国第 1 例新冠肺炎逝世患者遗体解剖工作在武汉金银潭医院完成,并成功拿到新冠肺炎病理。18 点 45 分,第 2 例遗体解剖工作也在金银潭医院顺利完成。由解剖获得的新冠肺炎病理,对于探索新冠肺炎患者临床的病理改变、疾病机制等有重大帮助,并能从根本上寻找新冠肺炎的致病性、致死性,给未来临床治疗危重症患者提供依据。此条消息一经播发,成为权威独家,被全网转发,迅速登上微博热搜第一的位置,话题阅读量达 3.8 亿。消息播发的背后,是给公众带来战胜疫情的信心和力量。

新媒体展示

扫码即可观看本条获奖作品的新媒体展示

且看蓬佩奥这条"变色龙"如何变

作品信息

参评项目及奖次：融媒体类文字评论一等奖
报送单位：新闻中心
作品字数：2647字
发布平台："玉渊谭天"微信公众号
首发日期：2020年4月10日

作品评介

该评论从"蓬佩奥去哪了"这一疑问出发，洞悉其"失声"背后图谋自身政治利益的考量，阐释了美国政客利益为先的"变色龙"本质。依托权威采访资源，新闻中心与科研机构深入合作，运用短视频、大数据分析、文本分析等手段，形成了时效性强、论据缜密、视角独家的深度评论风格。结合新媒体语境特征，作品的语言风格灵动而不失深刻，批判而不失理性；通过排版的特殊设计、图文的巧妙搭配、数据图表的恰当穿插和短视频的融合发布，作品立体呈现了"美国最差国务卿"的多面特性。

▶ 新媒体展示

扫码即可观看本条获奖作品的新媒体展示

战疫每日观察 | 开在大年初一的政治局常委会会议非同寻常

作品信息

参评项目及奖次：融媒体类文字评论一等奖
报送单位：新闻新媒体中心
作品字数：1333字
发布平台：央视新闻客户端
首发日期：2020年1月26日

作品评介

作为百集评论系列《战疫每日观察》的开篇，该评论文章在疫情防控的紧急时刻发出了主流媒体的权威声音，被央视新闻多个自有发稿平台选用，之后被全网置顶。该作品体现了比较好的政治判断力、政治领悟力、政治执行力，体现了新型主流媒体的责任担当。文章直指重点、难点、关键点，贴近人心，指导性强，充分体现新媒体评论的传播特点，取得了非常好的舆论引导效果，对推动疫情防控工作、凝聚人心、形成共识发挥了评论产品的战斗作用。

新媒体展示

扫码即可观看本条获奖
作品的新媒体展示

一等奖·融媒体类

谢谢你为湖北拼过命
（127集）

作品信息

参评项目及奖次：融媒体类网络专题一等奖
报送单位：新闻新媒体中心
发布平台："央视新闻"微博
首发日期：2020年3月17日

作品评介

此专题改变以往此类报道的严肃话语风格，既有直播等新闻现场的"时效度"，又注重用户的情感体验；既在线上产出了一批有高度也有温度、有深度也有热度的融媒体类作品，也有为各地医护拍摄肖像照的线下致敬活动。无数普通人借此窗口致敬医护、表达情感，45亿次的阅读量，凝聚着全社会同心战"疫"的共同记忆。这些稿件，既注重央媒准确权威的新闻呈现，又突出新媒体传播的渠道优势，产品种类繁多，展现了国家级主流媒体大平台的担当与温度。

新媒体展示

扫码即可观看本条获奖作品的新媒体展示

喀喇昆仑写忠诚
（13集）

作品信息

参评项目及奖次：融媒体类网络专题一等奖
报送单位：军事节目中心
发布平台：新浪微博
首发日期：2020年10月3日

作品评介

从2020年至今，"央视军事"新媒体一直在跟进《喀喇昆仑写忠诚》专题系列报道，以朴素纪实的方式，通过多条独家报道，对边防战士的形象进行全方位展示，并着重进行了情感化的表达。该系列视频在微博、微信、央视频等多个平台上视频播放总量超过2500万，相关微博话题总阅读量超4.3亿。

新媒体展示

扫码即可观看本条获奖
作品的新媒体展示

关于美国德特里克堡生物实验室你不知道的秘密

作品信息

参评项目及奖次：融媒体类网络专题一等奖
报送单位：英语环球节目中心
发布平台：CGTN客户端/官网、CGTN海内外社交媒体平台
首发日期：2020年6月16日

作品评介

当新冠肺炎疫情席卷全球，人们开始意识到，微生物竟会对人体健康和社会造成如此巨大的伤害。美国马里兰州的一个军事实验室——德特里克堡建立于二战时期，当时是用作秘密研究致命细菌的生物基地。该专题报道使用大量此前美国媒体公开报道的碎片证据，对美国陆军传染病医学研究所进行了深入分析和起底，揭秘背后的故事。节目发布当日成为微博热搜话题，并于2021年1月19日晚再次登上热搜，为疫情对外宣传报道作出了突出贡献。

▶ 新媒体展示

扫码即可观看本条获奖作品的新媒体展示

下潜万米深海 中国"奋斗者"号载人潜水器万米级海试

作品信息

参评项目及奖次：融媒体类网络专题一等奖
报送单位：新闻新媒体中心
发布平台：央视新闻客户端
首发日期：2020 年 11 月 10 日

作品评介

"奋斗者"号载人潜水器于 2020 年 11 月在马里亚纳海沟成功进行了多次万米级海试。其间，总台多路独家机位以第一视角进行了 4 次 12 小时以上的全程直播，第一时间发布了引领全网的独家内容，并推出原创系列 Vlog《天天"奋斗"日记》及大量科普视频。客户端发布近 100 条与海试相关的稿件，包括快讯、图文、视频、Vlog、海报等丰富多样的形式。该系列融媒体报道充满趣味性，形成较大的传播影响力，相关内容经微博平台传播，话题累计阅读量超 3 亿。

新媒体展示

扫码即可观看本条获奖作品的新媒体展示

一等奖·融媒体类

@所有人，《民法典》来了
（10集）

作品信息

参评项目及奖次：融媒体类网络专题一等奖
报送单位：财经节目中心
发布平台：央视频
首发日期：2020年1月1日

作品评介

2021年1月1日《民法典》正式实施，《中国经济大讲堂》深度创新，推出了10集系列短视频《@所有人，〈民法典〉来了》。该系列聚焦隐私权、居住权、夫妻共同债务、离婚冷静期、高空抛物、代位继承、胎儿权益保障等热点内容，采用动画、漫画、表情包、机器配音等新媒体视听语言，短小精悍、形式多样、生动有趣，引发网友广泛关注与分享，让大家对《民法典》有了进一步认识，深刻感受《民法典》作为社会生活的百科全书的独特魅力。

▶ 新媒体展示

扫码即可观看本条获奖作品的新媒体展示

疫情零新增"彩虹图"
（26集）

作品信息

参评项目及奖次：融媒体类网络专题一等奖
报送单位：新闻新媒体中心
发布平台："央视新闻"微博
首发日期：2020年2月23日

作品评介

　　新冠肺炎疫情之下，每日的疫情"零新增"好消息是人们对战"疫"的信心来源。疫情零新增"彩虹图"海报不仅在设计上体现了创意、创新，还探索了疫情形势下新媒体海报的新设计方案。"彩虹图"还多次出现在新闻频道大屏的报道中，体现了融合的概念，大小屏联动实现了同一资源在多平台之间的灵活转化。"彩虹图"海报在网络上引起广泛关注，并成为很多媒体报道疫情数据的新形式，其微博话题阅读量达3.1亿，微信总阅读量达2000万左右。

新媒体展示

扫码即可观看本条获奖作品的新媒体展示

独家视频丨游客:"彭麻麻呢?"

作品信息

参评项目及奖次:融媒体类短视频现场新闻一等奖
报送单位:新闻中心
作品时长:23秒
发布平台:央视新闻客户端
首发日期:2020年1月19日

作品评介

2020年1月农历春节前夕,习近平总书记赴云南考察调研,在腾冲和顺古镇小巷里,游客"偶遇"习近平总书记。中央广播电视总台时政记者敏锐反应,全程记录习近平总书记与游客的亲切对话,视频不加特效,同时保留摇晃的镜头,最真实还原现场,以点滴细节和言语来展现领袖的人民情怀。作品在总台央视新闻客户端首发,迅速"燃爆"全网,发布当天点击量23亿,全网阅读量累计37亿,成为点击量最高的时政短视频,创下中国新闻史上的一项新纪录。

新媒体展示

扫码即可观看本条获奖作品的新媒体展示

系列时政微视频
《总书记指挥这场人民战争》
（10集）

作品信息

参评项目及奖次：融媒体类短视频专题报道一等奖
报送单位：新闻新媒体中心
作品时长：代表作一：6分04秒；代表作二：4分45秒；代表作三：7分58秒
发布平台：央视新闻客户端
首发日期：2020年3月5日

作品评介

该系列作品是中国暴发新冠肺炎疫情后，第一部以习近平总书记的重要战略、重要指示、重要活动为核心焦点，伴随疫情发生、发展过程展开多角度、全景式记录的新媒体产品。制作组从海量素材中选取精彩内容，精致剪辑、系统梳理、面向新媒体受众创新表达手法，全网播放量总计超过4.1亿。系列视频全面生动地呈现了习近平总书记在整个战"疫"过程中所起到的至关重要的作用，强有力地鼓舞了全国人民的必胜信心，并激发出社会各界共同抗疫的磅礴力量。

新媒体展示

扫码即可观看本条获奖
作品的新媒体展示

《典籍里的中国》融媒体系列之《有"典"意思》

作品信息

参评项目及奖次：融媒体类短视频专题报道一等奖
报送单位：总编室
作品时长：4分30秒
发布平台：央视频
首发日期：2020年12月31日

作品评介

《有"典"意思》是《典籍里的中国》融媒体系列衍生节目之一。每期都以正片选取的典籍及典籍故事为基础，进行精华提炼与二度创作，让观众在几分钟的视频中感受典籍精髓、走进典籍故事。节目具有高度的灵活性、互动性，有效推动短视频内容向更广阔的文化内容领域拓展和深耕，实现文化短视频的创新传播，吸引更多青年群体了解优秀传统文化，增强文化自信，增进文化认同，是中央广播电视总台打造具有强大传播力的融媒体衍生节目的一次新实践。

新媒体展示

扫码即可观看本条获奖作品的新媒体展示

病毒之外
（9集）

作品信息

参评项目及奖次：融媒体类短视频专题报道一等奖
报送单位：英语环球节目中心
作品时长：代表作一：5分25秒；代表作二：4分06秒；代表作三：4分44秒
发布平台：CGTN官网
首发日期：2020年2月13日

作品评介

伴随着全球疫情的发展，观众越来越关注病毒科学问题。针对西方政客恶意中伤中国、歪曲病毒起源的情况，《病毒之外》系列节目连续制作推出，将科学界对病毒溯源的最新研究通俗地解释给观众。CGTN探客工作室利用自身的专业性和优势，提供了报道中难能可贵的科学视角，与CGTN在抗疫前线的报道形成充分互动，立体式展示中国与世界联手抗击疫情的全貌。该系列在全网获得了近2000万的阅读曝光，体现了及时有效的科学报道在疫情期间的外宣价值。

新媒体展示

扫码即可观看本条获奖作品的新媒体展示

一等奖·融媒体类

美国的"人权童话"还能编下去吗

作品信息

参评项目及奖次：融媒体类短视频专题报道一等奖
报送单位：英语环球节目中心
作品时长：3分36秒
发布平台：CGTN客户端/官网、CGTN海内外社交媒体平台
首发日期：2020年8月8日

作品评介

在美国新冠确诊病例突破500万之际，CGTN新媒体编辑部经过精细策划、反复打磨脚本，于官网首发原创动画《美国的"人权童话"还能编下去吗》。该视频戏谑地还原了美国在疫情发生前不以为然、疫情暴发后推卸责任的荒诞做法，深刻剖析了美国"人权童话"背后的欺骗和谎言，辛辣讽刺了"美式民主"的虚伪。视频采用对话的形式展现了美国的疯狂"甩锅"行为，经海内外平台分发后迅速走红网络，在国际舆论场取得热烈反响，极大提振我方声势。

▶ 新媒体展示

扫码即可观看本条获奖作品的新媒体展示

武汉日记
（118 集）

作品信息

参评项目及奖次：融媒体类短视频专题报道一等奖
报送单位：新闻新媒体中心
作品时长：代表作一：4 分 02 秒；代表作二：3 分 57 秒；代表作三：3 分 15 秒
发布平台："央视新闻"微博
首发日期：2020 年 1 月 23 日

作品评介

　　央视新闻自 2020 年 1 月 23 日发起的大型互动栏目《武汉日记》以超 102 亿阅读量的话题为抓手，形成现象级传播。时值疫情暴发初期，谣言滋生、负面情绪蔓延，用户亟须看到真实的武汉、亟须有温度的陪伴式报道。6 个月的时间里，央视新闻联合众多 Vlogger（微录主），以第一视角讲述普通人的战"疫"故事，为新闻报道注入社交动力，形成了借普通人的故事引发共鸣、汇集力量的"破圈"融媒体产品，有效地引导舆论、提振精神，取得了良好的传播效果和社会效果。

新媒体展示

扫码即可观看本条获奖
作品的新媒体展示

百名老战士口述实录微纪录片
《我的抗美援朝故事》
（107 集）

作品信息

参评项目及奖次：融媒体类短视频专题报道一等奖
报送单位：视听新媒体中心
作品时长：代表作一：2 分 49 秒；代表作二：3 分 11 秒；代表作三：2 分 49 秒
发布平台：央视频
首发日期：2020 年 10 月 21 日

作品评介

  该系列短视频对百名志愿军老战士进行了抢救式采访，首次披露了许多珍贵历史影音资料，讲述中国人民志愿军的英雄人物和英雄故事，再现全国人民万众一心、抗美援朝保家卫国的历史图景，凸显伟大抗美援朝精神的深刻内涵和现实意义。报道以更受年轻人欢迎的短视频形式和鲜活生动的史实，展现出被称为中华民族英雄儿女的志愿军形象。作为纪念中国人民志愿军抗美援朝出国作战 70 周年的献礼作品，该系列短视频是气壮山河的英雄赞歌，也是弘扬伟大抗美援朝精神的时代赞歌。

新媒体展示

扫码即可观看本条获奖作品的新媒体展示

微视频丨武汉，76个日与夜

作品信息

参评项目及奖次：融媒体类短视频专题报道一等奖
报送单位：央视网
作品时长：4分51秒
发布平台：央视网
首发日期：2020年4月8日

作品评介

时政微视频《武汉，76个日与夜》，以全手绘动漫的表现形式，采用横轴移动的方式，一镜到底，全景展现在党和国家领导下，中国人民守望相助的战"疫"故事。该视频创意新颖，采用时间顺序，打破空间地理维度，筛选100多例典型人物和故事，以手绘动画定格历史瞬间，真实还原武汉解封前76个日夜的关键节点，忠实记录每一位平凡英雄的冲锋与付出，展现全民共同战胜疫情的坚定决心和同舟共济的伟大民族精神。

新媒体展示

扫码即可观看本条获奖作品的新媒体展示

一等奖·融媒体类

系列微纪录片丨武汉呼吸
（8集）

作品信息

参评项目及奖次：融媒体类短视频专题报道一等奖
报送单位：新闻新媒体中心
作品时长：代表作一：13分40秒；代表作二：13分25秒；代表作三：12分19秒
发布平台：央视新闻客户端
首发日期：2020年4月11日

作品评介

该系列微纪录片通过8集内容，讲述了武汉抗疫期间医护工作者、患者家属、社区工作者、志愿者等不同身份的平凡人如何书写不平凡的中国战"疫"故事。记者用镜头记录了隔离社区、医院红区、病理解剖等危险区域的真实影像，告诉世界，成功扼制新冠肺炎疫情是千千万万中国人共同努力的结果，致敬武汉这座英雄的城市，致敬英雄的武汉人民，致敬所有为抗疫默默付出的平凡英雄。该系列微纪录片总阅读量5.3亿次，视频总播放量1.1亿次，总互动766万次。

▶ 新媒体展示

扫码即可观看本条获奖作品的新媒体展示

习声回响丨总书记的全面小康声音密码（一）：1623280

作品信息

参评项目及奖次：融媒体类短视频专题报道一等奖
报送单位：央广网
作品时长：1分54秒
发布平台：央广网客户端
首发日期：2020年12月23日

作品评介

央广网以"数字密码"为切入点，从脱贫攻坚、乡村振兴、生态环境等7个角度，反映了习近平总书记对于全面小康事业的深入思考、准确判断和有力部署。短视频主题鲜明、立意高远、角度新颖、设计巧妙，改变了长期以来时政产品给受众"重要但不好看""严肃而不活泼"的印象。该作品文约意丰、立意高远，又有趣活泼，真正兼顾了形式和内容，微传播产生"巨能量"，充分体现了央广网时政报道在全媒体时代深度融合的强力探索和对新技术的学习运用能力。

新媒体展示

扫码即可观看本条获奖作品的新媒体展示

一起去珠峰

作品信息

参评项目及奖次：融媒体类移动直播一等奖
报送单位：新闻新媒体中心
作品时长：54 小时 30 分
发布平台：央视新闻客户端、微博、抖音、快手
首发日期：2020 年 4 月 23 日

作品评介

4 月 30 日，2020 珠峰高程测量正式开启，时隔 15 年再次给珠峰"量身高"。与此同时，"一起去珠峰"系列特别直播也正式拉开帷幕。该系列直播全程关注 2020 年珠峰高程测量活动，节目内容丰富，表现手段多样，创造性地采用天文望远镜直播登山队登顶全过程，提供全网独家画面。同时，在珠峰峰顶实现了世界最高的 5G 直播，实时传回峰顶测量的珍贵画面，具有重要的历史记录价值。在珠峰高程测量有关报道中，该作品引领全网，受到网友极大关注和热烈讨论。

新媒体展示

扫码即可观看本条获奖作品的新媒体展示

直播！中国关闭美国驻成都总领事馆

作品信息

参评项目及奖次：融媒体类移动直播一等奖
报送单位：新闻新媒体中心
作品时长：7小时05分54秒
发布平台：央视新闻客户端
首发日期：2020年7月24日

作品评介

　　7月24日11时56分，中国外交部发布消息：中国外交部通知美国驻华使馆，中方决定撤销对美国驻成都总领事馆的设立和运行许可。这一全民关注的重大事件，在网络舆论场迅速发酵。"央视新闻正直播"第一时间响应，多路独家信号深入核心现场，直击成都总领事馆人员撤离。各平台总观看量逾9100万，持续占领话题榜；新闻频道、中文国际频道共享了直播信号，BBC（英国广播公司）、CNN（美国有限电视新闻网）、路透社、美联社等数十家境外媒体机构转发，充分发挥了新媒体直播的即时性、互动性、参与性。

新媒体展示

扫码即可观看本条获奖
作品的新媒体展示

《云守望　大武汉》28小时不间断大直播关注武汉重启

作品信息

参评项目及奖次：融媒体类移动直播一等奖
报送单位：视听新媒体中心
作品时长：27小时32分08秒
发布平台：央视频
首发日期：2020年4月7日

作品评介

　　4月8日零时起，武汉解除离汉离鄂通道管控措施。央视频从7日20:30至9日00:30发起《云守望　大武汉》28小时不间断直播，以大量连线采访回顾武汉70多天的抗疫关键事件，见证武汉重启第一现场，立体深度呈现武汉复苏进程。共发起移动直播20场，连线嘉宾共34人，用人物故事和细节盘点回顾武汉抗疫的重要节点，观看总人次突破1.357亿次。该直播在各平台同步播出，与全国各地网民共同见证武汉解封，体现总台融媒体传播的专业度与影响力。

新媒体展示

扫码即可观看本条获奖作品的新媒体展示

坐着高铁看中国

作品信息

参评项目及奖次：融媒体类移动直播一等奖
报送单位：新闻新媒体中心
作品时长：58 小时 28 分 36 秒
发布平台：央视新闻客户端
首发日期：2020 年 10 月 1 日

作品评介

央视新闻新媒体在 2020 年 "十一" 国庆期间，推出《坐着高铁看中国》直播特别节目。直播紧跟热点，特别设计了互动环节，增强了直播的趣味性和互动性。节目通过平均每天 6.6 小时的直播，不仅生动展现了中国高铁的飞速发展，还以高铁为线索，讲述沿线各地城乡故事，展现 "十三五" 期间各地建设成就。坐着高铁看中国，看到的不只是祖国的壮美河山，也是经济复苏的勃勃生机、政通人和的气象万千，更是一次读懂山河何以无恙的豪迈旅程。

新媒体展示

扫码即可观看本条获奖作品的新媒体展示

一张长图带你攀登"地球之巅"

作品信息

参评项目及奖次：融媒体类页（界）面设计一等奖
报送单位：新闻新媒体中心
发布平台："央视新闻"微信公众号
首发日期：2020年5月27日

作品评介

　　2020年5月27日，中国珠峰高程测量登山队成功登顶珠峰，新闻新媒体中心为此提前策划了一张以攀登珠峰为主题的实景化长图。该图创造性地使用了手机屏幕倒置的阅读方式，让观众体验到"爬山"的真实感。此外，该图亦在商业合作方面进行了探索，为央视新闻视觉类产品的创收模式打下基础。作为珠峰登顶新闻报道中最早推出的图片类产品，该作品一经推出，微信阅读量短时间迅速突破10万，并被新华网、澎湃新闻等多家媒体转载。

扫码即可观看本条获奖作品的新媒体展示

VR报道丨幸福坐标
——重访总书记扶贫足迹

作品信息

参评项目及奖次：融媒体类创意互动一等奖
报送单位：央视网
发布平台：央视网
首发日期：2020年3月25日

作品评介

报道运用新媒体独有的多媒体融合报道方式，在VR全景中无缝融入AI语音、VR航拍、CG动画等技术，打造出内容丰富、技术先进的交互式"VR+新闻"产品。该作品全景展现了习近平总书记看望过和关注过的贫困地区的今昔巨变，带受众360°沉浸式领略贫困地区的变迁，体验老乡们脱贫奔小康的幸福生活。截至目前，该系列已推出32部报道，总浏览量达数百万，有效展示了我国扶贫减贫辉煌成就，传播效果与社会效果俱佳。

新媒体展示

扫码即可观看本条获奖
作品的新媒体展示

春风十里，我到武汉来看你

作品信息

参评项目及奖次：融媒体类创意互动一等奖
报送单位：新闻新媒体中心
发布平台："央视新闻"微信公众号
首发日期：2020年3月16日

作品评介

该产品融合了在线直播观赏武汉大学樱花、全景互动赏樱、定制樱花短视频三大功能，以"朋友圈广告位"的形式更大范围触达用户，实现360°全景"云赏樱"。产品不仅满足了疫情期间用户居家赏花的需求，同时以社交媒体信息流广告的方式更亲密地触达用户，在疫情中给人们带来希望，最大限度提升了正能量的传播效果。其总点击率为腾讯朋友圈全景广告历史排名第一、2020年所有广告互动率第一，并成为2020年度用户最喜爱的朋友圈广告第一名。

新媒体展示

扫码即可观看本条获奖作品的新媒体展示

央视频抗疫"云"系列
——两神山慢直播、云守望大武汉 H5、疫情 24 小时 H5 等新媒体产品
（5 件）

作品信息

所获奖次：创新奖、融媒体类融合创新一等奖
参评项目：融媒体类融合创新
报送单位：视听新媒体中心
作品时长：23 小时 59 分 45 秒
发布平台：央视频
首发日期：2020 年 1 月 27 日

作品评介

2020 年初，新冠肺炎疫情暴发，武汉封城，中央广播电视总台"央视频"第一时间策划并推出"疫情 24 小时"系列融媒体产品，包括系列慢直播以及海量疫情短视频、H5 等，引发网友广泛关注，"云监工""叉酱""挖掘机天团"等关键词多次登上热搜榜。其中《与疫情赛跑！见证火神山、雷神山医院崛起》用慢直播开创传播交互新范式，累计观看量近 2 亿人次，向全球报道了"与疫情赛跑的中国速度"，在抗疫战中发出了主流媒体最强音。

新媒体展示

扫码即可观看本条获奖作品的新媒体展示

决定之年
——习近平治国理政专题交互页

作品信息

参评项目及奖次：融媒体类融合创新一等奖
报送单位：英语环球节目中心
发布平台：CGTN 官网
首发日期：2020 年 12 月 31 日

作品评介

该交互系列是 CGTN 新媒体部的时政融媒体年度拳头产品，用融媒体手段生动展现了习近平治国理政的思想理念和中国社会发展的壮丽篇章。作品紧扣全面建成小康社会取得的决定性成就、"十四五"规划主题，准确把握时代脉络，延续之前四年产品的主线。在交互技术方面，主创团队做了背景渐变、视频逐帧动态交互、光束投射等创新，是对本系列产品的全新升级。该产品政治站位较高，表现手法生动易懂，内容丰富精彩，角度针对性强，是一部用新媒体方式讲好中国故事的优秀作品。

扫码即可观看本条获奖作品的新媒体展示

时政新闻眼
（93期）

作品信息

参评项目及奖次：融媒体类融合创新一等奖
报送单位：新闻中心
发布平台：央视新闻客户端
首发日期：2020年1月8日

作品评介

《时政新闻眼》2020年发稿93篇，创下栏目开创以来新高。这些报道涵盖习近平总书记所有国内考察、国外出访、主场外交活动和重大时政活动，为受众了解总书记的最新时政活动提供了翔实、鲜活的信息，为受众学习掌握习近平总书记最新讲话精神提供了及时、有见地的解读，也为未来研究分析新时代中国的治国理政实践留下了珍贵的材料和底稿。该产品是中国时政报道尤其是领袖报道的新锐品牌，也是时政融合传播的标杆之作。

新媒体展示

扫码即可观看本条获奖作品的新媒体展示

"小朱配琦"带货直播

作品信息

所获奖次：创新奖、融媒体类融合创新一等奖
参评项目：融媒体类融合创新
报送单位：新闻新媒体中心
发布平台："央视新闻"微博
首发日期：2020年4月6日

作品评介

央视新闻策划出全新的直播节目形态，由央视主播朱广权和"带货达人"李佳琦组成"小朱配琦"组合，一起推荐湖北产品。该节目将传统新闻报道、公益行动与带货直播形式相融合，用网友喜闻乐见的形式实现了从新闻宣传到行动引领的转变，更把媒体融合的边界向前推进一步。"小朱配琦"的创新组合以强烈的话题性引发了媒体、公众的关注，用话题流量引领了主流舆论，完成了主流媒体的社会责任，也解决了湖北的燃眉之急。

 新媒体展示

扫码即可观看本条获奖作品的新媒体展示

国聘行动
（182集）

作品信息

所获奖次：创新奖、融媒体类融合创新一等奖
参评项目：融媒体类融合创新
报送单位：视听新媒体中心
作品时长：代表作一：1小时42分10秒；代表作二：1小时15分52秒；
代表作三：1小时01分44秒
发布平台：央视频
首发日期：2020年3月2日

作品评介

为全面深入贯彻落实习近平总书记"就业是最大的民生"等重要指示精神，中央广播电视总台央视频5G新媒体平台与各单位合作，于2020年3月2日启动"国聘行动"大型线上"云招聘"活动。截至2020年底，央视频自有渠道招聘信息总阅读量累计2亿余次，活动吸引国内外媒体广泛转载报道，赢得全社会一致好评。该产品是央视频践行总台高质量发展战略，创新方法手段，打造原创精品，强化工具属性，完善内容生态的一次成功尝试，也是央视频5G新媒体平台抓住用户痛点推出的又一现象级新媒体产品。

新媒体展示

扫码即可观看本条获奖
作品的新媒体展示

《走村直播看脱贫》大型融媒体行动
（101场新媒体直播）

作品信息

参评项目及奖次：融媒体类融合创新一等奖
报送单位：财经节目中心
作品时长：代表作一：5分16秒；代表作二：1分37秒；代表作三：1分44秒
发布平台：央视财经新媒体
首发日期：2020年7月25日

作品评介

　　2020年是脱贫攻坚决战决胜之年，中央广播电视总台财经节目中心特别策划推出了《走村直播看脱贫》大型融媒体报道。节目组先后走进全国23个省、区、市的典型脱贫村，历时100多天，行程3万多公里，走进101个村，直播101场。首次创新使用装载5G+4K/8K+AI技术的大篷车演播室，实现了广播电视、大小屏资源和平台共享。直播观看量达2.28亿次，全网总点击量超5亿次。该报道深入田间地头、深接地气，鼓舞了士气、提振了信心，印证了国家主流媒体只有与时代同频共振，才能更加大有作为。

新媒体展示

扫码即可观看本条获奖作品的新媒体展示

互动 H5《敬不朽，英雄记忆永不褪色》

作品信息

参评项目及奖次：融媒体类融合创新一等奖
报送单位：军事节目中心
发布平台："央视军事"微信公众号
首发日期：2020 年 9 月 3 日

作品评介

2020 年"九三"纪念日，央视军事推出《敬不朽，英雄记忆永不褪色》互动 H5 融媒体产品。参与者通过拨动"时间指针"，为 8 位年过 90 岁高龄的抗战老兵的照片进行修复、上色，互动后，参与者了解他们的故事，向老兵致敬。该产品一经上线便引发大量网友的关注和互动，PV（页面浏览量）达到近 1.4 亿，UV（独立访客）突破 6500 万，成为 2020 年度具有影响力的融媒体产品。

新媒体展示

扫码即可观看本条获奖作品的新媒体展示

《共同战"疫"》73 天不间断融媒体直播

📄 作品信息

参评项目及奖次：融媒体类融合创新一等奖
报送单位：新闻新媒体中心
发布平台：央视新闻客户端
首发日期：2020 年 1 月 27 日

💬 作品评介

从 1 月 27 日 8 时至 4 月 8 日零时武汉解封，总台新闻新媒体中心推出 73 天不间断互动直播《共同战"疫"》，全面直击疫情防控一线进展。直播紧盯核心新闻资源，做好权威发布；连线新闻现场，直击防疫最前线；传递温暖人心的正能量，助力打赢疫情防控阻击战；创新推出慢直播，全方位呈现疫情防控进展；连线大使、海外留学生，着眼全球抗疫，体现外交为民，展示了央媒的责任与担当。截至 4 月 9 日 6 时，微博话题＃共同战疫＃阅读量达 108.1 亿，直播累计观看量 74.75 亿。

新媒体展示

扫码即可观看本条获奖作品的新媒体展示

《鼠你不一 YOUNG——2020 春晚 VR YOUNG》首届 VR 直播春晚

作品信息

参评项目及奖次：融媒体类融合创新一等奖
报送单位：视听新媒体中心
作品时长：5 小时 50 分 12 秒
发布平台：央视频
首发日期：2020 年 1 月 24 日

作品评介

央视频 VR 春晚实现了首次春晚画面全程 VR 播出，结合春晚一号大厅周边多路慢直播 VR 机位，用全程 VR、独家 VR 视频和直播态相结合的新形式，为观众呈现一场惊艳震撼的 VR 春晚盛宴。本节目不仅实现了人们长久以来对 VR 晚会直播的设想，也探索了台上与台下、演员与观众的互动新模式。该晚会在给观众带来全新体验的同时，贯彻落实了总台改革创新精神，体现出国家级新媒体应有的传播力、引导力、影响力、公信力。

新媒体展示

扫码即可观看本条获奖作品的新媒体展示

《两会你我他》特别节目

作品信息

参评项目及奖次：融媒体类融合创新一等奖
报送单位：新闻中心
作品时长：代表作一：55分58秒；代表作二：56分56秒；代表作三：56分59秒
发布平台：央视网
首发日期：2020年5月22日

作品评介

  这是首个打通电视广播、联通网上网下的融媒体新闻节目。作为本次两会报道的一档创新节目，《两会你我他》充分体现了媒体融合，扩大了两会报道的影响力。节目形式新颖，节目话题设置也非常具有贴近性，从贴近民生的小切口引入，探讨保护个人隐私、人格权和继承权等抽象话题，深入浅出地把法律条文讲得通俗易懂，很抓人。节目推出后社会关注度高，"夫妻之间工资条算不算隐私"这一话题一度冲上热搜第二名，微博话题#两会你我他#阅读量达1.6亿次，参与讨论用户1.2万。

扫码即可观看本条获奖作品的新媒体展示

起底美国系列
（7集）

作品信息

参评项目及奖次：融媒体类融合创新一等奖
报送单位：新闻中心
作品时长：代表作一：6分59秒；代表作二：7分59秒；代表作三：10分59秒
发布平台："玉渊谭天"微信公众号
首发日期：2020年5月14日

作品评介

该系列产品既有力反击了美国部分政客在国际舆论场上对我国的攻击，又潜移默化、润物无声地引导了社会舆论，揭露了美式价值观的本质，并充分彰显了我国制度的优越性。该系列产品案例翔实，故事连贯，思想深刻，表达新潮，视听语言丰富，从多个视角对美国深层次社会问题进行了解剖和分析，首创了风格独特的新媒体"起底"气质。该系列文章与视频在新媒体场域受到年轻人的持续追捧与喜爱，形成了严肃内容的年轻化表达风格，传播效果显著。

新媒体展示

扫码即可观看本条获奖
作品的新媒体展示

国家宝藏·挖藕季
（100集）

作品信息

参评项目及奖次：融媒体类融合创新一等奖
报送单位：文艺节目中心
作品时长：代表作一：15分22秒；代表作二：1分22秒；代表作三：12分22秒
发布平台：云听客户端
首发日期：2020年10月26日

作品评介

节目在与不同领域的顶级专家学者对话中，分享一段故事、一个知识点，破圈满足受众的求知欲，在轻松愉悦的氛围中，引导受众体会文博的魅力，同时表达出强烈的时代气息。话题设置有趣有料，内容不求全求大，贴近生活，贴近受众，是文艺之声积极探索媒体融合传播的新方法、新形式下的创新之作。该节目依托文艺节目中心品牌电视栏目，广播端、电视端与新媒体端"一体策划、一体主持、一体制作、一体传播"，具有鲜明的融媒体产品传播特色。

▶ 新媒体展示

扫码即可观看本条获奖作品的新媒体展示

人生第一次

作品信息

参评项目及奖次：融媒体类融合创新一等奖
报送单位：央视网
作品时长：代表作一：33分02秒；代表作二：33分39秒；代表作三：33分29秒
发布平台：央视网
首发日期：2020年1月15日

作品评介

该片撷取十二个对中国人而言意义重大的"人生第一次"，是中国纪录片的一部佳作，也是中国纪录片值得继续探索的一个方向。作品用厚重的内容支撑主题，在循序渐进的生活中，真实地展现生活的不易以及人们面对挫折的勇气。其讲述娓娓动听而又客观理性，抚慰世间冷暖也见证生命的美好，用普通中国人的人生故事促进了社会的理解与共情。该作品融合创新的观念也推动了主流内容在融媒体平台的正向传播和价值引领。

新媒体展示

扫码即可观看本条获奖
作品的新媒体展示

我的同乡英雄
（4集）

作品信息

参评项目及奖次：融媒体类融合创新一等奖
报送单位：新闻新媒体中心
作品时长：代表作二：4 小时 12 分 34 秒；代表作三：3 小时 31 分 4 秒
发布平台：央视新闻客户端
首发日期：2020 年 3 月 7 日

作品评介

　　该报道以创新的宣推模式，让线上线下、户内户外、大屏小屏同步联动，引发全社会强烈反响的同时，也为主题宣推报道树立了一种全新模式。该系列报道大大扩展了宣推报道的形式和载体，树立了一种新的报道模式。节目组精心制作海报，注重人物故事挖掘，引发全网共鸣，拉动地方媒体报道热情，"多点开花"推动活动形成浩大声势，线上线下联动传播引领舆论导向，传递正能量，为央视新闻新媒体扩大了品牌辐射力和影响力。

新媒体展示

扫码即可观看本条获奖作品的新媒体展示

国家记忆

作品信息

参评项目及奖次：栏目类一等奖
报送单位：华语环球节目中心
栏目时长：30 分钟
创办日期：2017 年 4 月 3 日
发布平台：中文国际频道
刊播周期：周一至周五，日播

作品评介

作为中央广播电视总台 CCTV-4 晚间八点档的日播栏目，该作品以"为国家留史，为民族留记，为人物立传"为宗旨，主要讲述中国共产党奋斗史、新中国飞跃史、改革开放进程史、中国特色社会主义发展史，引导社会大众和青少年知史爱党、知史爱国，厚植爱国情怀，培养浩然正气。2020 年，该栏目围绕主题主线，推出了一系列有传播价值和影响力的作品，包括《战"疫"》《大国仪仗》《抗美援朝保家卫国》等，全国收视市场首重播电视观众累计达到 6.22 亿人次，新媒体表现十分抢眼。

新媒体展示

扫码即可观看本条获奖作品的新媒体展示

新闻联播

作品信息

参评项目及奖次：栏目类一等奖
报送单位：新闻中心
栏目时长：30 分钟
创办日期：1978 年 1 月 1 日
发布平台：综合频道
刊播周期：日播

作品评介

　　2020 年《新闻联播》全景记录大国战"疫"，唱响决胜全面小康、决战脱贫攻坚的昂扬旋律，权威解读深度阐释新发展理念、新发展格局，描绘奋进新时代，开启新征程壮美蓝图，全年重大主题引领清晰有力。栏目守正创新、融合发展，实现了高清数字化制播，技术创新推动编播流程和"金标准"升级，吸引了更多年轻人观看《新闻联播》，收视达到近 3 年来高点。该栏目在大战大考中交出让党中央放心、人民群众满意的精彩答卷，凸显新闻舆论宣传"第一阵地"、主力军作用。

▶ 新媒体展示

扫码即可观看本条获奖作品的新媒体展示

新闻1+1

作品信息

参评项目及奖次：栏目类一等奖
报送单位：新闻中心
栏目时长：27分钟
创办日期：2008年3月24日
发布平台：新闻频道
刊播周期：周一至周五，日播

作品评介

2020年，《新闻1+1》继续创新报道方式，着力打造更具有传播力的融媒体产品。特别是疫情报道，不仅在主流媒体中首次发出"病毒人传人"预警，为全国防疫及时敲响警钟，而且在大事件报道中打破常规，重新寻找定位，充分发挥了在一场重大的公共卫生危机中主流媒体的作用。该栏目以"今日疫情分析、应对"为题，对全国抗疫展开长达四个月的持续性报道，关键时刻，权威采访，解疑释惑，引领舆论，凝聚民心，赢得社会各界好评。

新媒体展示

扫码即可观看本条获奖
作品的新媒体展示

一等奖·栏目类

开讲啦

作品信息

参评项目及奖次：栏目类一等奖
报送单位：总编室
栏目时长：45分钟
创办日期：2012年8月27日
发布平台：综合频道
刊播周期：周播

作品评介

《开讲啦》定位中国首档电视青年公开课，以"年轻化"和"全媒体"的特点受到广泛关注和好评。"中国核潜艇之父"黄旭华、中国载人航天工程总设计师周建平等"中国青年心中的榜样"作为分享人，通过前沿的新知分享，以平实角度和润物无声的方式传递主流价值观。该栏目积极守正创新，将最新颖、最先进的媒体元素和技术运用于新媒体产品，开创了总台第一个新媒体IP产品"撒开聊"，取得了较好成绩。新媒体账号各项数据均居总台前列。

▶ 新媒体展示

扫码即可观看本条获奖作品的新媒体展示

新闻和报纸摘要

作品信息

参评项目及奖次：栏目类一等奖
报送单位：新闻中心
栏目时长：30 分钟
创办日期：1950 年 4 月 10 日
发布平台：中国之声
刊播周期：日播

作品评介

　　2020 年，《新闻和报纸摘要》继续坚持在大战大考中践行初心使命。栏目启动新一轮改版，突出广播声音特色，优化节目编排，精选报道内容，提速度、挖深度、拓广度，更好地担负起新时代新闻舆论工作的职责使命，老品牌焕发新风采。"听新闻报摘"频道于 2020 年在"学习强国"平台上线，日均点击量 1819 万，在央广网和云听客户端提供在线直播和点播，实现新突破。

新媒体展示

扫码即可观看本条获奖作品的新媒体展示

天天 315

作品信息

参评项目及奖次：栏目类一等奖
报送单位：财经节目中心
栏目时长：30 分钟
创办日期：2010 年 12 月 10 日
发布平台：经济之声
刊播周期：日播

作品评介

《天天 315》始终秉承"维护公平公正的商业环境，让投资者消费者更有力量"的宗旨，做到每天"倾听百姓声音、聚焦消费维权"。该栏目以消费者爆料为依托，通过记者深入调查、深挖素材，专家律师全面分析、举案说法，化解矛盾纠纷。节目敢于碰硬，不回避矛盾但又不激化矛盾，获得诸多奖项，具有广泛影响力。在荣誉面前，采编团队没有裹足不前，而是积极进取、不断创新，在媒体融合方面集中发力，特别是积极探索广播节目的视频化呈现，取得显著成效。

▶ 新媒体展示

扫码即可观看本条获奖作品的新媒体展示

联播+

作品信息

参评项目及奖次：栏目类一等奖
报送单位：央视网
创办日期：2018年5月3日
发布平台：央视网
刊播周期：每周5—7期

作品评介

《联播+》栏目重点围绕《新闻联播》对习近平总书记重要活动、讲话的报道，采用"创意海报、动态海报、暖心故事"等融媒体表达形式进行轻巧解读，以丰富多样的网络化形态触达和影响更多受众。该栏目一方面实现了优质内容的跨屏传播，另一方面对习近平总书记的报道进行细节挖掘和精细加工，对于传播习近平总书记为民情怀和治国理政思想发挥了很大作用，为媒体融合传播探索了实践路径。2020年度该栏目发布稿件367篇，逾半数获全网置顶，总阅读量过亿。

新媒体展示

扫码即可观看本条获奖
作品的新媒体展示

每日一习话

作品信息

参评项目及奖次：栏目类一等奖
报送单位：央广网
创办日期：2018年6月1日
发布平台：央广网
刊播周期：日播

作品评介

2020年，《每日一习话》通过守正创新、融合发力，向网民生动阐释了习近平新时代中国特色社会主义思想。作品在内容上以重大主题、重要时间节点切入，把握时度效，增强舆论引导力；在形式上顺应网络传播规律和网民阅读习惯，具有亲和力、说服力。该栏目具有正确的政治方向和舆论导向，内涵丰富，表达生动，制作精良，具有思想性、理论性和现实指导意义。栏目坚持移动优先，高质量持续稳定输出，引发学习热潮，具有较高的知名度、美誉度及影响力。

新媒体展示

扫码即可观看本条获奖作品的新媒体展示

刘欣调查：孟晚舟案不为人知的细节

作品信息

参评项目及奖次：国际传播类新闻作品一等奖
报送单位：英语环球节目中心
作品时长：30 分钟
发布平台：CGTN 官网
首发日期及栏目：2020 年 8 月 19 日《视点》

作品评介

该片追溯 7 年前孟晚舟与汇丰某高管在香港一家餐厅的会面原因，由此追问交谈内容为何会落到美国人手中，成为其针对孟晚舟的"关键证据"。专题片梳理了汇丰洗钱历史，并展示了相关法律文件和华为呈交法庭的相关证据，用事实说话。作为新闻调查式报道，本次专题片还涵盖刘欣调查取证过程，增加了报道的真实性。该片还原孟晚舟被捕缘由，揭露美国试图通过制裁华为来打压中国的险恶用心，呈现出深度报道和多元角度，全网累计话题阅读量超 6.8 亿。

新媒体展示

扫码即可观看本条获奖
作品的新媒体展示

直播：中国"奋斗者"号载人潜水器在挑战者深渊执行下潜任务
（90集）

作品信息

所获奖次：创新奖、国际传播类新闻作品一等奖
参评项目：国际传播类新闻作品
报送单位：新闻中心
作品时长：代表作一：8小时59分10秒；代表作二：3分28秒；代表作三：35秒
发布平台：CGTN官网、新闻频道、中文国际频道等
首发日期及栏目：2020年11月10日《朝闻天下》、《新闻直播间》、The World Today、China 24

作品评介

2020年11月，中国"奋斗者"号载人潜水器在全球海洋最深处"马里亚纳海沟"成功创造10909米下潜新纪录，中央广播电视总台全球独家直播了这一盛况，幕后支撑是总台历时5年成功研制的万米深海4K高清视频直播系统，实现了全球首次万米洋底电视直播+蓝绿激光舱内无线视频通话，创造全球电视直播历史。直播被国内外多家媒体与网络平台转载报道，相关微博、抖音话题阅读量达16亿。

▶ 新媒体展示

扫码即可观看本条获奖作品的新媒体展示

独家！总台央视记者探访武汉金银潭医院隔离病房

作品信息

参评项目及奖次：国际传播类新闻作品一等奖
报送单位：新闻中心
作品时长：1分59秒
发布平台：CGTN新媒体
首发日期及栏目：2020年1月22日特辟时段

作品评介

该报道全球首次独家展示了新冠肺炎疫情一线的真实场景。记者不惧危险勇闯武汉金银潭医院进入隔离病房，记录抗疫一线最真实的画面。作品展示了重症隔离病房内外的场景，让全世界第一次直观了解到中国政府积极抗击疫情、拯救生命的感人场面。节目播出仅一天半时间，被50个国家和地区的477家电视频道播出1719次，播出总时长4小时46分14秒。这篇报道是人们了解疫情的窗口，也是激励社会大众的精神食粮。

新媒体展示

扫码即可观看本条获奖作品的新媒体展示

致青春·奋斗习语
（4集）

作品信息

参评项目及奖次：国际传播类新闻作品一等奖
报送单位：新闻中心
作品时长：代表作一：7分27秒；代表作二：6分钟；代表作三：6分07秒
发布平台：华语环球
首发日期及栏目：2020年5月4日《直播中国》

作品评介

2020年五四青年节之际，时政新闻中心国广版块精心策划推出头条系列特别节目《致青春·奋斗习语》。报道聚焦青年扶贫干部、青年科技工作者、青年教师、青年学生这四个"小"群体，从具体交流对话场景切入，用生动鲜活的细节讲述扶贫、创新、奋斗等"大"主题。在群体的选择上兼顾代表性，通过典型群体映射中国发展的"关键词"。系列报道累计通过34个语种，在Facebook（脸书）等海外社交平台、国际在线外语网站等多个渠道对外传播。

▶ 新媒体展示

扫码即可观看本条获奖作品的新媒体展示

武汉战疫纪

作品信息

参评项目及奖次：国际传播类影视纪录作品一等奖
报送单位：英语环球节目中心
作品时长：33 分 10 秒
发布平台：CGTN 英语新闻频道
首发日期及栏目：2020 年 2 月 28 日《The World Today》

作品评介

该作品在中国身处疫情国际舆论战最不利的时候推出，及时反击谣言、正本清源，让世界看到中国抗疫的真实情况。创作团队在叙事上采取了冷静克制的风格，采用多线叙事，以点带面，迅速构建了武汉"封城"后的横剖面，用不同人物、不同事件、不同镜头语言，完成了"逆境中孕育着希望"的主题表达。该作品代表中国媒体在关键时刻对外有力发声，打破了不同社会文化之间的壁垒，成功地建立起了基于人类共同价值的情感联结，有效引导了国际舆论。

新媒体展示

扫码即可观看本条获奖作品的新媒体展示

《经典咏流传》第三季第二期

作品信息

参评项目及奖次：国际传播类文艺作品一等奖
报送单位：总编室
作品时长：1 小时 28 分 46 秒
发布平台：海外社交媒体平台 Facebook、YouTube 平台 CCTV 中文账号
首发日期及栏目：2020 年 1 月 26 日《经典咏流传》

作品评介

作为唯一囊括星光奖、白玉兰奖、亚广联奖三项大奖的电视综艺节目，《经典咏流传》以"和诗以歌"的原创模式，积极响应"推动中华优秀传统文化的创造性转化、创新性发展"的号召，旨在传承中华优秀传统文化，传递向上向善的主流价值。节目融合经典文化和现代艺术，不断寻找中华传统文化跨语境传播的可能，让世界观众了解并爱上中国经典。央视网通过 Facebook、YouTube 平台 CCTV 中文账号发布节目相关帖文共 92 条，总浏览量超 7068 万次。

扫码即可观看本条获奖作品的新媒体展示

《漫话天下》评论动漫系列
（81集）

作品信息

参评项目及奖次：国际传播类融媒体作品一等奖
报送单位：英语环球节目中心
作品时长：代表作一：1分03秒；代表作二：3分07秒
发布平台：CGTN官网
首发日期：2020年2月26日

作品评介

　　该系列以漫画图片、GIF动图、动画短视频等多媒体元素为呈现形式，围绕全球抗疫、中美关系、人权等热点话题主动出击，开创了中央广播电视总台对外传播漫画评论先河。作品不仅把"战斗性"发挥得淋漓尽致，在疫情、人权以及中美关系紧张之际在国际舆论场上有力出击，还兼顾共情性话题，精准传递"人类命运共同体"价值观，一图胜千言，有效地争取到更多受众支持，甚至改变舆论。该系列作品全球阅读量超过9100万，视频观看量1131万，在国内外的社交平台上引发热烈反响。

新媒体展示

扫码即可观看本条获奖作品的新媒体展示

一等奖·国际传播类

起底真相丨美国德特里克堡生物实验室的黑暗历史

作品信息

参评项目及奖次：国际传播类融媒体作品一等奖
报送单位：新闻新媒体中心
发布平台：CGTN、《环球时报》英文版、人民网英文版等外宣平台以及新西兰中文先驱网、欧洲头条、菲律宾商报、欧华网、中欧通讯网、大公网等多家境外媒体
首发日期：2020年5月1日

作品评介

2020年初，中国举全国之力共抗疫情，与此同时，美国等西方国家开始炮制所谓的"新冠病毒起源论"，无端诋毁指责中国的抗疫措施，却对美国德特里克堡生物实验室讳莫如深。央视新闻新媒体融合创意工作室主创团队通过编译外媒相关报道对事件进行梳理，报道了德特里克堡生物实验室的黑暗历史，使一些美国政客的卑劣行径大白于天下。该文不仅首发成为国内全网稿源，也引发境外媒体和社交账号的大量转发，展现了国际传播内容原创和话题设置能力。

新媒体展示

扫码即可观看本条获奖作品的新媒体展示

冠察天下
——对美报道系列
（10集）

作品信息

参评项目及奖次：国际传播类融媒体作品一等奖
报送单位：英语环球节目中心
作品时长：代表作一：2分27秒；代表作二：2分41秒；代表作三：3分42秒
发布平台：CGTN网站和社交平台、CGTN评论品牌《茶馆论道》账号全平台
首发日期：2020年3月12日

作品评介

《冠察天下》是一档以记者为主、以调查为特色的评论产品，CGTN主播王冠曾担任央视驻美首席记者8年，对美国报道有深入研究。《冠察天下——对美报道系列》针对中美热点事件，用事实、数据、常识和常理对不实报道进行反驳，及时回应热点，主动出击，数据翔实，反驳有力。节目共发布相关视频10集，运用西方用户喜闻乐见的表达形式、视觉元素和语态，传播效果显著。该作品全球阅读量近5亿，播放量超过5500万，多次登上热搜，被多名海外大V用户点赞转发。

新媒体展示

扫码即可观看本条获奖
作品的新媒体展示

《战武汉》动画微纪录片

作品信息

参评项目及奖次：国际传播类融媒体作品一等奖
报送单位：英语环球节目中心
作品时长：3 分 43 秒
发布平台：CGTN 客户端/官网、CGTN 海内外社交媒体平台
首发日期：2020 年 2 月 27 日

作品评介

　　该片探索和遵循当代国际传播规律，采用海外受众易接受的话语体系和表达方式，以丰富的内容、创新的形式有力传播中国制度优势和疫情防控的中国经验，充分体现全中国众志成城抗击疫情的决心和信心，强力回击境外别有用心的质疑。作品是国际传播中讲好习近平总书记亲自指挥、亲自部署疫情防控人民战争、总体战、阻击战故事的一次成功实践。该片创新话语表达方式，用权威数据解疑释惑，以融合传播集中发力，全球网络阅读和传播量达 3.79 亿次。

新媒体展示

扫码即可观看本条获奖作品的新媒体展示

数说行业之中国"复兴号"高铁驾驶员

作品信息

参评项目及奖次：国际传播类融媒体作品一等奖
报送单位：亚洲非洲地区语言节目中心
作品时长：4分10秒
发布平台：总台亚非中心希伯来语部及以色列国家广播公司网站和社交媒体平台
首发日期：2020年10月26日

作品评介

该片通过高铁驾驶员这一职业，体现了中国科技创新成果以及我国普通劳动者的敬业精神和职业素养，不仅收获了可观的新媒体传播数据，更获得了以色列专业媒体人士和政府高层的积极反馈。在制作水准上，该作品集4K、信息图表动画等创新表现形式为一体，观看体验极佳。该作品选取小切口，体现大格局，是我方借力以色列优势平台、主动设置议题、通过内容合作讲好中国故事提升中国形象的一次成功尝试。

新媒体展示

扫码即可观看本条获奖
作品的新媒体展示

村里来了个洋专员

作品信息

参评项目及奖次：国际传播类融媒体作品一等奖
报送单位：英语环球节目中心
发布平台：CGTN 官网及 CGTN 海内外全媒体平台
首发日期：2020 年 6 月 2 日

作品评介

该系列报道从确立选题、前期策划到后期互动，皆由海外网友参与其中。该报道深入研究受众心理，避免过于宏观泛化的叙事手法，选择具体案例，由外籍专家出镜，围绕一项项职业挑战，用英语解读中国故事，让海外受众了解一个不一样的、真实的、亲切的中国，同时还增加了内容的可读性、可视性和可信性，顺应了国际传播的需求。该系列所有故事、情节皆为真实发生、真实记录，最大限度保持了作品的客观呈现，全面、客观、立体地解读了中国的脱贫工程。

新媒体展示

扫码即可观看本条获奖作品的新媒体展示

时政微视频丨武汉保卫战

作品信息

参评项目及奖次：国际传播类融媒体作品一等奖
报送单位：新闻中心
作品时长：5分21秒
发布平台：CGTN客户端/官网，海外社交媒体平台YouTube、Twitter、Facebook等
首发日期：2020年3月13日

作品评介

《武汉保卫战》以疫情暴发至3月10日习近平总书记亲赴武汉考察，亲自指挥部署战"疫"的重大时间节点和重要批示为主线，重点展现了总书记深入武汉考察时的难忘时刻，现场情感细腻、鼓舞人心，充分展现了总书记的大国领袖责任和担当。该报道结合海外社交平台传播特点和疫情报道国际舆情形势，多渠道、多形态发稿，获多家海内外主要媒体转载转引。报道触及海外用户2100万，为中国的抗疫斗争赢得了国际社会普遍支持和称赞，国际传播效果优异。

新媒体展示

扫码即可观看本条获奖
作品的新媒体展示

"国宝与你同行"海外本土化传播

作品信息

参评项目及奖次：国际传播类融媒体作品一等奖
报送单位：央视网
发布平台：熊猫频道海内外全平台
首发日期：2020年2月19日

作品评介

2020年，央视网以熊猫频道为依托开展海外传播，策划推出了"国宝与你同行"系列公益特别节目，以移动直播、图文、短视频，与海外机构联合开展线上活动、本土化落地等方式让海内外网友"面对面"了解大熊猫的成长情况。节目以治愈系的内容、多元化的产品形态和技术手段向海外用户展示中国实力和特殊时期中国在大熊猫保护方面的防控举措以及中国真实的状态，为处于病痛、疫情压力下的全球用户带去轻松、解压、舒缓的内容，增强人们共渡难关的决心。

 新媒体展示

扫码即可观看本条获奖作品的新媒体展示

国际锐评｜散播"政治病毒"的蓬佩奥正把自己变成人类公敌

作品信息

参评项目及奖次：国际传播类融媒体作品一等奖
报送单位：新闻新媒体中心
作品字数：1801 字
发布平台：CNN、《华盛顿邮报》网站、《华尔街日报》网站、《时代周刊》网站
首发日期：2020 年 4 月 27 日

作品评介

新冠肺炎疫情暴发后，美国国务卿蓬佩奥为谋取政治私利，向中国泼脏水。本文借用美西方政客惯用的贴标签手法还施彼身，给蓬佩奥贴上"人类公敌"的标签，运用大量事实和数据梳理其破坏全球抗疫的斑斑劣迹，揭露其企图通过拙劣的表演来实现迈向权力之巅的个人野心。这是中国媒体在国际舆论场上的一次主动出击和鲜明亮剑，占据了国际道义制高点，引发国际共鸣，有力削弱了其诋毁中国的负面影响，提升了中国媒体在国际舆论场的话语权与影响力。

新媒体展示

扫码即可观看本条获奖作品的新媒体展示

一等奖·国际传播类

多语种原创战疫公益歌曲 MV
《天使的身影》

作品信息

参评项目及奖次：国际传播类融媒体作品一等奖
报送单位：欧洲拉美地区语言节目中心
作品时长：5 分钟
发布平台：意语版：意大利 Radio Italia 电视台及总台中意客户端、央视新闻等境内外媒体；俄语版：中俄头条客户端等境内外媒体；西语版：中西移动客户端等境内外媒体；法语版：Facebook 法语部主页等境内外媒体
首发日期：2020 年 4 月 12 日

作品评介

　　欧洲拉美地区语言节目中心与欧洲和拉美多个国家的重要媒体和音乐人合作，将中央广播电视总台原创战疫公益歌曲 MV《天使的身影》重新创作成意、俄、西、法等语言，由当地重量级音乐人重新演绎，成为现象级的传播产品，产生了巨大的影响力。这是一款在总台原创歌曲基础上进行的跨国再创作和成功落地的产品，是中外合作抗疫报道的有效呈现，在中欧和拉美地区获得巨大反响。该 MV 的意、俄、西、法语版本在世界其他国家也获得了无数网友的好评，有效传递了中国价值和人类命运共同体理念。

▶ 新媒体展示

扫码即可观看本条获奖作品的新媒体展示

2020 非洲野生动物大迁徙网络直播

作品信息

参评项目及奖次：国际传播类融媒体作品一等奖
报送单位：国际交流局（非洲总站）
作品时长：4 小时 01 分 10 秒
发布平台：CGTN 官网
首发日期：2020 年 8 月 17 日

作品评介

该项目创造了非洲总站新媒体直播项目传播量和观看量之最，无论在节目内容上、形式上、技术上还是宣推手段上，都有了较大的创新，体现了非洲总站在动物直播方面的较高策划和制作水准，传达了 CGTN 作为一个国际媒体在野生动物保护方面的社会责任感，也因此进一步扩大了 CGTN 在非洲的品牌知名度。此项目也是非洲总站首次与央视频合作的新媒体直播项目，两方共同聚合了电视端和新媒体端的优势资源，充分借力、融合传播，形成了 1+1 ＞ 2 的效果。

新媒体展示

扫码即可观看本条获奖作品的新媒体展示

纪录片《同心战"疫"》
（法语版，6集）

作品信息

参评项目及奖次：国际传播类翻译作品一等奖
报送单位：影视翻译制作中心
作品时长：代表作一：54分20秒；代表作二：52分38秒；代表作三：55分05秒
发布平台：布隆迪国家电视台
首发日期：2020年10月16日

作品评介

《同心战"疫"》法语版在确保译文准确、流畅的同时，综合运用多种翻译技巧，对片中涉及的大量抗疫时政内容，特别是领导人讲话指示等典型汉语表达，根据对象国受众习惯巧妙运用意译方式进行转化，达到"信、达、雅"的境界，引发非洲法语受众的共情共鸣。该片在布隆迪国家电视台播出后，引起了当地的热烈反响，使非洲人民客观了解中国人民抗击疫情的凝聚力和行动力，取得了用事实驳斥西方不实言论的良好传播效果。

新媒体展示

扫码即可观看本条获奖作品的新媒体展示

A 酱讲中国

作品信息

参评项目及奖次：国际传播类栏目一等奖
报送单位：亚洲非洲地区语言节目中心
发布平台：Facebook、Twitter、YouTube
创办日期：2018 年 10 月 20 日
2020 年度发布总次数：共发布 347 次

作品评介

该栏目以基于网络与移动媒体平台的新闻资讯类融媒体产品为定位，以受众喜闻乐见、轻松幽默的表达方式讲好中国故事，塑造中国正面形象。2020 年疫情期间，栏目组保持日更频率及时向日本网友传递中国抗疫客观信息，以大量生动灵活的现场报道回应网友关切，展现"眼见为实"的抗疫成果。同时，栏目组注重结合主题主线宣传报道任务推出重点策划与系列特别节目，以生动清新的节目风格获得日本受众喜爱，为讲好中国故事、宣传中国形象作出了积极贡献。

新媒体展示

扫码即可观看本条获奖
作品的新媒体展示

一等奖·国际传播类

今日关注

作品信息

参评项目及奖次：国际传播类栏目一等奖
报送单位：华语环球节目中心
栏目时长：30分钟
发布平台：央视中文国际频道
创办日期：2003年5月13日
刊播周期：日播

作品评介

《今日关注》紧密跟踪国内外热点新闻事件和重大题材，邀请权威专家梳理新闻来龙去脉，分析新闻背后的故事，预判新闻事件的影响和发展趋势。选题重大丰富，制作精良，大屏小屏密切融合。栏目组对于突发事件报道迅速，全方位解疑释惑，同时积极发声，有理有力地批驳不实之词，强烈表达中国观点。该作品在直播中开创四视窗连线全球记者模式，多视角剖析国际局势，这一形态的成功运用打开了直播报道的新局面。

▶ 新媒体展示

扫码即可观看本条获奖作品的新媒体展示

国家勋章和国家荣誉称号系列公益宣传片
（46篇）

作品信息

参评项目及奖次：公益广告类一等奖
报送单位：总经理室
作品时长：每篇2分钟
发布平台：央视全频道
首发日期及栏目：2020年6月29日广告时段

作品评介

　　创作团队自2019年10月起，历时8个月，奔赴20多个省市摄制采访，从西南边陲怒江到东北重镇大庆，从西北边疆东古拉玛山到东部海域开山岛，采访调研百余家单位200余人，查阅大量文字及音视频资料，经历数百次文案修改与画面审订，最终交出了一份向国家荣誉致敬的优秀答卷。该系列广告以采访记录与广告表达相结合的方式，将46支2分钟的短视频叠加在一起，组成了一首气势恢宏的英雄史诗，广泛营造"崇尚英雄、学习楷模"的正能量氛围。

新媒体展示

扫码即可观看本条获奖
作品的新媒体展示

物·见
——边防哨所别样的春节

作品信息

参评项目及奖次：公益广告类一等奖
报送单位：军事节目中心
作品时长：3 分钟
发布平台：国防军事频道
首发日期及栏目：2020 年 1 月 17 日频道导视

作品评介

该片打破传统宣传片套路，以战士们身边看似普通的"物件"作为载体，聚焦边防官兵的真实生活，用真实客观的角度展现边防哨所里战士们的别样春节。其伴随式、纪录式的拍摄手法，突出体现了国防军事频道的特色和春节气氛，展现了边防官兵在传统节日中的坚守和军属对国防事业的支持。该片通过朴素、微观的记录，体现出故事的亲切感与亲和力，展现了中国军人的家国情怀，树立了新时代军人的良好形象，是短视频领域的用心之作。

▶ 新媒体展示

扫码即可观看本条获奖作品的新媒体展示

决战脱贫攻坚　不获全胜决不收兵

作品信息

参评项目及奖次：公益广告类一等奖
报送单位：总经理室
作品时长：1分50秒
发布平台：中国之声、经济之声、音乐之声等十个频率
首发日期及栏目：2020年8月1日广告时段

作品评介

该作品以"古今对照"的创意手段，展现近年来中国在扶贫方面的伟大成就。作品演播到位、思想深邃、案例丰富，具有很强的艺术感染力和思想高度，以古今对比凸显脱贫事业的历史意义，不仅使场景和故事能够"立得住""展得开"，更展现了脱贫攻坚的伟大历史坐标。作品构思巧妙，场景设置得当，对话内容丰富，演播、录制技术精湛，音效丰富。该作品对于脱贫攻坚事业的解读，既颇具深意，又容易理解，是一篇好听、好懂、好记的好作品。

新媒体展示

扫码即可观看本条获奖
作品的新媒体展示

民法典课堂
（27集）

作品信息

参评项目及奖次：公益广告类一等奖
报送单位：社教节目中心
作品时长：代表作一：50 秒；代表作二：1 分 05 秒；代表作三：1 分钟
发布平台：央视频
首发日期：2020 年 9 月 8 日

作品评介

该系列公益广告通过正面的舆论引导和网络化的语言、有趣的形式等"网红"短视频要素相结合，以动画作为表现形式，并在材料上进行了大胆尝试，用瓦楞纸、黏土等真实材料的肌理作为基底，为角色和场景赋予了更多视觉联想，并以简洁抽象的造型搭配统一协调的配色方案。作品网感强，形式新颖，通俗易懂，为深入宣传实施民法典的重大意义、确保民法典得到全面有效的实施营造了良好氛围。该系列公益广告整体视觉语言十分独特且自洽，富有辨识度，累计观看量超 3 万次。

扫码即可观看本条获奖作品的新媒体展示

全球独家专访武汉病毒所所长王延轶

作品信息

参评项目及奖次：新闻类消息二等奖
报送单位：英语环球节目中心
作品时长：7 分 43 秒
发布平台：CGTN 英语新闻频道
首发日期及栏目：2020 年 5 月 23 日《China 24》

新媒体展示

扫码即可观看本条获奖作品的新媒体展示

作品评介

此专访中，身处舆论暴风眼中的武汉病毒所首次面对媒体。所长王延轶用事实有力驳斥了美西方的"武汉病毒所病毒泄露"阴谋论，以强有力的中国声音打破了西方媒体的话语垄断。

经中央军委主席习近平批准　军队抽组医疗力量承担武汉火神山医院医疗救治任务

作品信息

参评项目及奖次：新闻类消息二等奖
报送单位：新闻中心
作品时长：4 分 11 秒
发布平台：综合频道
首发日期及栏目：2020 年 2 月 2 日《新闻联播》

新媒体展示

扫码即可观看本条获奖作品的新媒体展示

作品评介

该片记录了军队医务人员驰援武汉火神山医院的全过程，第一时间对外进行了报道，展现了人民军队按照习近平主席指示要求，牢记宗旨、闻令而动、勇挑重担、敢打硬仗的使命担当。

直挂云帆济沧海
——2020年中国经济风雨兼程勇毅前行

作品信息

参评项目及奖次：新闻类消息二等奖
报送单位：新闻中心
作品时长：8分26秒
发布平台：综合频道
首发日期及栏目：2020年12月15日《新闻联播》

新媒体展示

扫码即可观看本条获奖作品的新媒体展示

作品评介

该报道全面梳理了中国经济是如何在新冠肺炎疫情与脱贫攻坚的内外压力之下保证基本盘稳定，并且取得巨大发展的过程，揭示出2020年中国经济极其不平凡背后蕴含的中国力量。

菲律宾首都商场遭劫持人质全部获释

作品信息

参评项目及奖次：新闻类消息二等奖
报送单位：国际交流局（亚太总站）
作品时长：4分50秒
发布平台：新闻频道
首发日期及栏目：2020年3月3日《新闻直播间》

新媒体展示

扫码即可观看本条获奖作品的新媒体展示

作品评介

该报道展现了菲律宾一商场内匪徒劫持30余人与警方对峙的全过程，现场感强，过程展现全面，时效性与独家性强，充分体现了中央广播电视总台记者扎实的业务功底。

福建泉州坍塌酒店 一对母子被困两天后成功获救

作品信息

参评项目及奖次：新闻类消息二等奖
报送单位：人事局（福建总站）
作品时长：3 分 56 秒
发布平台：中国之声
首发日期及栏目：2020 年 3 月 10 日《新闻纵横》

新媒体展示

扫码即可观看本条获奖作品的新媒体展示

作品评介

该报道准确捕捉了因酒店坍塌被困 43 小时的母子被救的生动场面，大量使用白描与现场音效，采访扎实，细节动人，内容鲜活，传播了社会正能量，有力地引导舆论正向发展。

《反分裂国家法》实施 15 周年座谈会引发台湾各界强烈反响

作品信息

参评项目及奖次：新闻类消息二等奖
报送单位：港澳台节目中心
作品时长：3 分 57 秒
发布平台：中华之声
首发日期及栏目：2020 年 5 月 30 日《台北直播室》

新媒体展示

扫码即可观看本条获奖作品的新媒体展示

作品评介

该报道聚焦《反分裂国家法》实施 15 周年座谈会，通过来自不同领域的采访对象的讲述，传递岛内支持祖国统一的人士的心声，对台湾的民心引导有重要现实意义。

2020·世界

作品信息

参评项目及奖次：新闻类评论二等奖
报送单位：新闻中心
作品时长：1 小时 17 分 03 秒
发布平台：新闻频道
首发日期及栏目：2020 年 12 月 30 日特辟时段

新媒体展示

扫码即可观看本条获奖作品的新媒体展示

作品评介

该节目围绕"新冠之殇""美国之困""地区冲突""全球治理"四个主题，客观、真实地向观众解析了 2020 年的世界变局，体现了鲜明的中国立场。

环球深观察：抗疫经济双输、国际声望下降 世界头号强国正在变成"世界病人"

作品信息

参评项目及奖次：新闻类评论二等奖
报送单位：新闻中心
作品时长：10 分 29 秒
发布平台：环球资讯广播
首发日期及栏目：2020 年 8 月 3 日《第一资讯》

新媒体展示

扫码即可观看本条获奖作品的新媒体展示

作品评介

该评论紧扣美国疫情防控不力、经济表现不佳、国际声望下降三条主线，广泛引用国内外专家学者声音和国际媒体相关报道，主题明确、论据充分，广播特色鲜明，极具时效性、重要性和深刻性。

迷失的香港

作品信息

参评项目及奖次：新闻类专题二等奖
报送单位：英语环球节目中心
作品时长：29 分 04 秒
发布平台：CGTN 英语新闻频道
首发日期及栏目：2020 年 3 月 28 日特辟时段

新媒体展示

扫码即可观看本条获奖作品的新媒体展示

作品评介

该片从采访一名未成年的香港激进示威者入手，揭露教育与反政府媒体传达的种种谬误信息，以及香港反政府政治势力和西方一些政客的勾结，抽丝剥茧地揭示香港的年轻人是如何被洗脑成为反华势力政治斗争的棋子和人质的。

中国战疫纪
（2 集）

作品信息

参评项目及奖次：新闻类专题二等奖
报送单位：英语环球节目中心
作品时长：第一集：44 分 58 秒；第二集：44 分 57 秒
发布平台：CGTN 英语新闻频道
首发日期及栏目：2020 年 9 月 12 日《The World Today》

新媒体展示

扫码即可观看本条获奖作品的新媒体展示

作品评介

作为首部全景式记录中国战"疫"进程的英语纪录片，该作品立足国际传播视角，回顾了从武汉疫情暴发到"解封"四个月的伟大抗疫历程，向国际社会展现了"人民至上、生命至上"的中国抗疫精神。

武汉抗战记忆

作品信息

参评项目及奖次：新闻类专题二等奖
报送单位：欧洲拉美地区语言节目中心
作品时长：15 分 58 秒
发布平台：CGTN 俄语频道
首发日期及栏目：2020 年 9 月 3 日《综合新闻》

新媒体展示

扫码即可观看本条获奖作品的新媒体展示

作品评介

该专题片聚焦 1938 年武汉会战期间苏联航空志愿队援华抗日的历史，凸显中苏两国官兵不畏牺牲的精神，客观地评价了苏联援华对中国抗战胜利所发挥的重要作用。

坐着"高"铁看中国　行走"天路"最美青藏线

作品信息

参评项目及奖次：新闻类专题二等奖
报送单位：人事局（西藏总站）
作品时长：8 分 08 秒
发布平台：新闻频道
首发日期及栏目：2020 年 10 月 5 日《新闻直播间》

新媒体展示

扫码即可观看本条获奖作品的新媒体展示

作品评介

该节目报道了青藏铁路通车后给西藏经济社会文化旅游等方面带来的深刻变化，展现了中央第七次西藏工作座谈会后西藏在旅游产业、生态保护及第二次青藏科考等方面取得的新成果。

【"十三五",我们这五年】甩掉贫困帽 大凉山百姓迈向新生活

作品信息

参评项目及奖次:新闻类专题二等奖
报送单位:人事局(四川总站)
作品时长:6分33秒
发布平台:综合频道
首发日期及栏目:2020年11月28日《新闻联播》

新媒体展示

扫码即可观看本条获奖作品的新媒体展示

作品评介

该片展现了"十三五"期间四川凉山彝族自治州阿土列尔村、三河村、火普村三个村子可喜的脱贫攻坚成果和彝族百姓的全新精神面貌,内容层次丰富,采访生动,多角度展现了上下一心脱贫奔小康的决心。

纪念香港基本法颁布30周年系列报道 《基石》第三集《远航》

作品信息

参评项目及奖次:新闻类专题二等奖
报送单位:港澳台节目中心
作品时长:28分16秒
发布平台:粤港澳大湾区之声
首发日期及栏目:2020年6月26日《港清楚》

新媒体展示

扫码即可观看本条获奖作品的新媒体展示

作品评介

该报道以"黄丝青年"梁可民的转变为主线,深挖香港暴乱的根源,让香港民众认识基本法、理解基本法,也阐明了香港国安法的实施合情合理合法,起到了积极有效的舆论引导作用。

黄河人家：母亲的母亲河

作品信息

参评项目及奖次：新闻类专题二等奖
报送单位：民族语言节目中心
作品时长：12 分 36 秒
发布平台：藏语广播
首发日期及栏目：2020 年 12 月 30 日《安多在线》

新媒体展示

扫码即可观看本条获奖作品的新媒体展示

作品评介

记者深入三江源腹地，通过丰富的音响和生活细节的采撷，真实记录了黄河源头第一家的生活实况，生动、细致、全面地展示了黄河源头的保护成就，作品具有浓郁独特的民族特色。

民法典：开启中国法治新时代
（5 集）

作品信息

参评项目及奖次：新闻类系列（连续、组合）报道二等奖
报送单位：社教节目中心
作品时长：代表作一：26 分 52 秒；代表作二：26 分 48 秒；代表作三：26 分 44 秒
发布平台：社会与法频道
首发日期及栏目：2020 年 5 月 16 日《法治深壹度》

新媒体展示

扫码即可观看本条获奖作品的新媒体展示

作品评介

该节目邀请参与民法典编纂的核心法学专家，用通俗的语言解读民法典中受公众关注的问题、立法过程中的价值观和总体考量，突破了法律专业人士的传播圈层，得到了大众的接受。

武汉面孔
（23 集）

作品信息

参评项目及奖次：新闻类系列（连续、组合）报道二等奖
报送单位：英语环球节目中心
作品时长：代表作一：6 分 10 秒；代表作二：4 分 19 秒；
　　　　　代表作三：2 分 34 秒
发布平台：CGTN 英语新闻频道
首发日期及栏目：2020 年 2 月 8 日《Global Watch》

新媒体展示

扫码即可观看本条获奖作品的新媒体展示

作品评介

该系列节目以人物故事的形式展示了封城期间武汉各界人士从痛苦无助到坚忍奉献，直至取得抗疫胜利的全过程，丰富了武汉抗疫报道的形式和内容，是近年来对外灾难报道中不可多得的精品。

直击美国驻成都总领事馆关闭
（15 集）

作品信息

参评项目及奖次：新闻类系列（连续、组合）报道二等奖
报送单位：英语环球节目中心
作品时长：代表作一：2 分 25 秒；代表作二：3 分 32 秒；
　　　　　代表作三：4 分 44 秒
发布平台：CGTN 英语新闻频道
首发日期及栏目：2020 年 7 月 24 日《The World Today》

新媒体展示

扫码即可观看本条获奖作品的新媒体展示

作品评介

该报道团队结合中美关系最新发展态势，全程跟进美方人员撤离成都总领馆的情况，带来独家现场画面。作品在打破西方媒体话语垄断、树立中国在国际社会形象方面起到了重要作用。

聚焦粮食安全：让数据告诉你，中国没有粮食危机
（3集）

作品信息

参评项目及奖次：新闻类系列（连续、组合）报道二等奖
报送单位：财经节目中心
作品时长：代表作一：3分36秒；代表作二：3分09秒；
代表作三：2分31秒
发布平台：财经频道
首发日期及栏目：2020年8月2日《经济信息联播》

新媒体展示

扫码即可观看本条获奖作品的新媒体展示

作品评介

该节目采用通俗的故事化表达，通过权威统计数据向百姓说明白了为什么中国没有粮食危机，证明了中国应对全球粮食危机的能力，呈现出一组"安定民心"的专业财经报道。

来自喀喇昆仑的报道
（8集）

作品信息

参评项目及奖次：新闻类系列（连续、组合）报道二等奖
报送单位：军事节目中心
作品时长：代表作一：10分03秒；代表作二：4分46秒；
代表作三：8分51秒
发布平台：国防军事频道
首发日期及栏目：2020年10月1日《军事报道》

新媒体展示

扫码即可观看本条获奖作品的新媒体展示

作品评介

该系列报道深入挖掘驻守在喀喇昆仑的边防军人感人至深的戍边故事，展现出他们"大好河山，寸土不让"，誓死捍卫祖国领土的赤胆忠诚，以及我军高原武器装备、后勤保障能力的大幅提升，有力回击了外媒的曲解和恶意炒作。

百村脱贫记
（100集）

作品信息

参评项目及奖次：新闻类系列（连续、组合）报道二等奖
报送单位：华语环球节目中心
作品时长：代表作一：5分01秒；代表作二：5分49秒；
　　　　　代表作三：5分21秒
发布平台：中文国际频道
首发日期及栏目：2020年9月10日《中国新闻》

新媒体展示

扫码即可观看本条获奖作品的新媒体展示

作品评介

该系列报道涉及31个省、自治区和直辖市，对脱贫任务艰巨的贵州、四川、甘肃、新疆、西藏、青海进行了重点报道，以平实接地气的表达方式，传递了基层人民的脱贫心声。

土耳其　漫漫逃难路
（3集）

作品信息

参评项目及奖次：新闻类系列（连续、组合）报道二等奖
报送单位：国际交流局（中东总站）
作品时长：代表作一：3分20秒；代表作二：3分52秒；
　　　　　代表作三：4分钟
发布平台：新闻频道
首发日期及栏目：2020年10月17日《新闻直播间》

新媒体展示

扫码即可观看本条获奖作品的新媒体展示

作品评介

在严峻的疫情下，土耳其国内难民偷渡事故仍频频发生，总台驻安卡拉记者独家采访了三次偷渡均未成功但仍锲而不舍的叙利亚难民家庭，揭示出难民问题的根源，作品层层递进、数据翔实，客观理性，引人深思。

《总台海峡时评》反"台独"系列
（44集）

📋 作品信息

参评项目及奖次：新闻类系列（连续、组合）报道二等奖
报送单位：港澳台节目中心
作品时长：代表作一：3分49秒；代表作二：3分11秒；
　　　　　代表作三：4分10秒
发布平台：中华之声
首发日期及栏目：2020年1月12日《两岸观潮》

💬 作品评介

新媒体展示

扫码即可观看本条获奖作品的新媒体展示

该系列评论针对"台独"势力的分裂言行，以攻为守、主动出击，严厉抨击、揭露民进党当局"台独"本质，坚决打击"台独"分裂势力，有效引导舆论，牢牢掌握了对台舆论斗争的主动权。

风雨同创四十年
（12集）

📋 作品信息

参评项目及奖次：新闻类系列（连续、组合）报道二等奖
报送单位：港澳台节目中心
作品时长：代表作一：13分01秒；代表作二：11分58秒；
　　　　　代表作三：11分18秒
发布平台：粤港澳大湾区之声
首发日期及栏目：2020年10月12日《港清楚》

新媒体展示

扫码即可观看本条获奖作品的新媒体展示

💬 作品评介

该报道结合深圳经济特区40年的发展历程，深入发掘其在科技创新、政府体制改革、人才引进、城市建设、文化创新等方面取得的成就，生动解读了深圳经济特区的未来蓝图。报道以粤语、普通话双语版播出。

黄河人家
（9集）

作品信息

参评项目及奖次：新闻类系列（连续、组合）报道二等奖
报送单位：人事局（青海总站）
作品时长：代表作一：13分42秒；代表作二：11分55秒；
　　　　　代表作三：13分03秒
发布平台：中国之声
首发日期及栏目：2020年9月9日《新闻和报纸摘要》

新媒体展示

扫码即可观看本条获奖作品的新媒体展示

作品评介

该报道讲述了黄河沿岸人民在时代变迁中与母亲河相依相守的故事，呈现出黄河流域在生态环境保护、生态移民脱贫、旅游资源整合等方面的进步与发展。

"832个贫困县全部脱贫　中国脱贫的世界意义"系列报道
（7篇）

作品信息

参评项目及奖次：新闻类系列（连续、组合）报道二等奖
报送单位：新闻中心
作品时长：代表作一：3分11秒；代表作二：3分17秒；
　　　　　代表作三：1分46秒
发布平台：环球资讯广播
首发日期及栏目：2020年11月24日《直播世界》《第一资讯》
　　　　　　　　《环球新闻眼》

新媒体展示

扫码即可观看本条获奖作品的新媒体展示

作品评介

该报道采访了多国政界人士、专家学者以及中国援助扶贫项目的当地参与者等，呈现了中国在消除贫困方面取得的成就对发展中国家脱贫减贫事业提供的经验启示，体现出中国作为大国的担当。

武汉"欣"声
——专访"疫情上报第一人" 湖北省中西医结合医院呼吸内科主任张继先

📋 作品信息

参评项目及奖次：新闻类访谈节目二等奖
报送单位：英语环球节目中心
作品时长：30 分钟
发布平台：CGTN 英语新闻频道
首发日期及栏目：2020 年 4 月 21 日《视点》

▶ 新媒体展示

扫码即可观看本条获奖作品的新媒体展示

💬 作品评介

该节目首次曝光了武汉最初 7 名新冠肺炎病例的会诊记录，扭转了一些国家政客政治操弄李文亮医生因公殉职引发的舆论导向，佐证了中国战"疫"的及时性与透明度。

统一战疫：专访世界卫生组织中国工作组组长布鲁斯·艾尔沃德

📋 作品信息

参评项目及奖次：新闻类访谈节目二等奖
报送单位：英语环球节目中心
作品时长：20 分 55 秒
发布平台：CGTN 英语新闻频道
首发日期及栏目：2020 年 3 月 4 日《世界观察》

▶ 新媒体展示

扫码即可观看本条获奖作品的新媒体展示

💬 作品评介

该节目独家专访世界卫生组织赴武汉专家组组长布鲁斯·艾尔沃德（Bruce Aylward）博士，他强调了中国政府的及时反应和中国人民为全球抗击疫情作出的巨大贡献。

强力反制！中方通知美关闭成都总领馆

作品信息

参评项目及奖次：新闻类访谈节目二等奖
报送单位：华语环球节目中心
作品时长：25 分 05 秒
发布平台：中文国际频道
首发日期及栏目：2020 年 7 月 24 日《今日关注》

新媒体展示

扫码即可观看本条获奖作品的新媒体展示

作品评介

该节目报道了中方对美方无理关闭中国驻休斯敦总领馆后的强力反制措施，及时发声，回应舆论关切，结构清晰、驳斥有力。节目中加入美驻成都总领馆门口两路总台独家画面——中国境内电视媒体当天首次呈现该视角，节目起到了很好的社会舆论引导作用。

背着国徽去开庭，打通司法为民"最后一公里"

作品信息

参评项目及奖次：新闻类访谈节目二等奖
报送单位：农业农村节目中心
作品时长：44 分 43 秒
发布平台：中国乡村之声
首发日期及栏目：2020 年 12 月 28 日《这里有说法》

新媒体展示

扫码即可观看本条获奖作品的新媒体展示

作品评介

该节目独家采访内蒙古巴雅尔吐胡硕人民法庭庭长那顺，讲述了他在农牧区背着国徽开展巡回法庭的故事，体现了基层法官的坚守与担当，展现了打通司法为民"最后一公里"的成果。

纪念中国人民志愿军抗美援朝出国作战70周年特别直播《铭记伟大胜利 捍卫和平正义》

作品信息

参评项目及奖次：新闻类新闻现场直播二等奖
报送单位：新闻中心
作品时长：2 小时 28 分 40 秒
发布平台：新闻频道
首发日期及栏目：2020 年 10 月 23 日特辟时段

新媒体展示

扫码即可观看本条获奖作品的新媒体展示

作品评介

该节目着重刻画敬献花篮仪式的庄重肃穆，选取了抗美援朝战争中最有记忆点的 7 个场景，运用虚实结合的方式，将艰苦卓绝的"抗美援朝精神"展现在观众面前，激发了年轻一代的民族自豪感。

2020 年 4 月 8 日《China 24》特别编排《武汉解封特别节目》

作品信息

参评项目及奖次：新闻类新闻节目编排二等奖
报送单位：英语环球节目中心
作品时长：45 分钟
发布平台：CGTN 英语新闻频道
首发日期及栏目：2020 年 4 月 8 日《China 24》

新媒体展示

扫码即可观看本条获奖作品的新媒体展示

作品评介

该节目细数武汉封城期间武汉市民的经历，全面报道了武汉解封当天的动态，生动直观地展现了武汉抗击疫情的不易以及中国抗疫取得的阶段性胜利，突出举国上下协同作战的特色，展现了人性的光辉。

2020年10月19日《新闻特刊·70周年》

作品信息

参评项目及奖次：新闻类新闻节目编排二等奖
报送单位：军事节目中心
作品时长：44分07秒
发布平台：国防军事频道
首发日期及栏目：2020年10月19日《正午国防军事》

新媒体展示

扫码即可观看本条获奖作品的新媒体展示

作品评介

该报道及时关注抗美援朝出国作战70周年相关动态新闻，并设置《70周年·重访》《70周年·两地书》《70周年·老兵说》三个固定版块，用电视杂志的编排方式串联起历史与今天，人文情怀厚重，凸现国防军事特色。

2020年9月27日《环球新财讯》
（18：00—18：30）

作品信息

参评项目及奖次：新闻类新闻节目编排二等奖
报送单位：财经节目中心
作品时长：29分58秒
发布平台：经济之声
首发日期及栏目：2020年9月27日《环球新财讯》

新媒体展示

扫码即可观看本条获奖作品的新媒体展示

作品评介

该节目以财经视角解读《夺冠》热映再次掀起全社会热议和学习女排精神浪潮的社会热点，点出女排精神代代相传的朴素逻辑，以及它在新时代与经济社会改革发展融为一体、相互映照的深刻内涵。

抗疫特别节目《致敬！时代楷模 抗疫英雄》

作品信息

参评项目及奖次：新闻类大型节目二等奖
报送单位：总编室
作品时长：1小时35分
发布平台：综合频道
首发日期及栏目：2020年9月23日《时代楷模发布厅》

新媒体展示

扫码即可观看本条获奖作品的新媒体展示

作品评介

该节目以表彰十大抗疫一线医务人员英雄群体为脉络，配合人物主题演讲，多媒体展示日记、书信、照片等形式，全方位多角度展现一线医务人员"逆行"抗疫的历程和公众印象深刻的新闻事件，阐释了"举国同心、舍生忘死"的伟大抗疫精神。

特别节目《坐着高铁看中国》
（8集）

作品信息

参评项目及奖次：新闻类大型节目二等奖
报送单位：新闻中心
作品时长：代表作一：1小时47分56秒；代表作二：1小时40分24秒；代表作三：1小时56分06秒
发布平台：新闻频道
首发日期及栏目：2020年10月1日特辟时段

新媒体展示

扫码即可观看本条获奖作品的新媒体展示

作品评介

该节目以长假为契机，透过高铁车窗，展现了"十三五"规划发展蓝图的实现、各项脱贫攻坚措施的落实，也深刻诠释了山河无恙、家国共圆的主题。

系列评论《大湾区之声热评：香港国安法落地实施》
（14 集）

作品信息

参评项目及奖次：新闻类大型节目二等奖
报送单位：港澳台节目中心
作品时长：代表作一：3 分 27 秒；代表作二：3 分 07 秒；
代表作三：3 分 28 秒
发布平台：粤港澳大湾区之声
首发日期及栏目：2020 年 6 月 13 日《湾区，早晨！》《湾区速递》

新媒体展示

扫码即可观看本条获奖作品的新媒体展示

作品评介

该系列评论立场鲜明、逻辑严密地阐释了香港国安法的合法性、必要性，揭露了极端暴力分子"揽炒"祸港的罪恶行径，彰显了中国政府维护国家主权、安全、发展利益的坚定决心，有效地引导了涉港舆论。

最美逆行者
（14 集）

作品信息

参评项目及奖次：影视纪录类电视剧二等奖
报送单位：影视剧纪录片中心
作品时长：代表作一：45 分 24 秒；代表作二：41 分 31 秒；
代表作三：43 分 57 秒
发布平台：综合频道
首发日期及栏目：2020 年 9 月 17 日特辟时段

新媒体展示

扫码即可观看本条获奖作品的新媒体展示

作品评介

该节目是由中央广播电视总台出品的首部抗疫题材电视系列剧，以抗击新冠肺炎疫情中发生的真实事件和人物为原型，聚焦普通医生、护士、司机、清洁工、长途司机等奋战在抗疫一线的平凡英雄，呈现了朴实而伟大的抗疫群像。

冰雪道路
（5 集）

作品信息

参评项目及奖次：影视纪录类纪录片二等奖
报送单位：体育青少节目中心
作品时长：每集 25 分钟
发布平台：体育频道
首发日期及栏目：2020 年 2 月 24 日特辟时段

新媒体展示

扫码即可观看本条获奖作品的新媒体展示

作品评介

该节目记录了不同国家国民与冰雪运动相关的精彩故事，探寻了世界冰雪运动强国的先进经验，体现了人类在冰雪运动中寻求的共同价值——对自由的向往，对卓越的追求，对生命的尊重。

重托
（4 集）

作品信息

参评项目及奖次：影视纪录类纪录片二等奖
报送单位：军事节目中心
作品时长：代表作一：38 分 42 秒；代表作二：37 分 22 秒；
　　　　　代表作三：38 分 22 秒
发布平台：国防军事频道
首发日期及栏目：2020 年 4 月 23 日特辟时段

新媒体展示

扫码即可观看本条获奖作品的新媒体展示

作品评介

该片讲述了人民军队支援湖北医疗队抗击疫情的故事，将宏大历史背景与小切口故事结合，通过个体经历和国家命运的交织，充分展现了人民军队敢打硬仗、善打胜仗的优良作风。该片入选 2020 年第二季度广电总局优秀纪录片推荐目录。

马背上的法官

作品信息

参评项目及奖次：影视纪录类纪录片二等奖
报送单位：总编室
作品时长：50分钟
发布平台：综合频道
首发日期及栏目：2020年12月2日《一路有你》

新媒体展示

扫码即可观看本条获奖作品的新媒体展示

作品评介

该节目讲述了即将退休的罗江益法官在四川甘孜藏族自治州的最后一次巡回办案，以第一视角真实展现了充满烟火气的百姓生活，彰显了中国人砥砺前行的时代精神。

复兴伟业启新程
——一份历史性纲领的诞生

作品信息

参评项目及奖次：影视纪录类纪录片二等奖
报送单位：新闻中心
作品时长：38分40秒
发布平台：综合频道
首发日期及栏目：2020年11月5日特辟时段

新媒体展示

扫码即可观看本条获奖作品的新媒体展示

作品评介

该片是中央广播电视总台承制的首部"五年规划诞生记"时政纪录片，全景展现了习近平总书记亲自领导起草制定"十四五"规划建议的历程，产生了优异的融合传播效果。

朱熹
（4集）

作品信息

参评项目及奖次：影视纪录类纪录片二等奖
报送单位：社教节目中心
作品时长：代表作一：44分55秒；代表作二：44分52秒；
　　　　　代表作三：43分52秒
发布平台：科教频道
首发日期及栏目：2020年4月21日特辟时段

新媒体展示

扫码即可观看本条获奖作品的新媒体展示

作品评介

该片讲述了儒学大师朱熹的传奇人生经历及其对中华优秀传统文化的重要贡献，运用多维度航拍、移轴摄影、虚拟影像合成等技术手段，是一部立意高远、内容厚重、艺术精湛，经得起历史检验的精品力作。

2020春天纪事
（4集）

作品信息

参评项目及奖次：影视纪录类纪录片二等奖
报送单位：影视剧纪录片中心
作品时长：每集49分30秒
发布平台：纪录频道
首发日期及栏目：2020年9月8日《特别呈现》

新媒体展示

扫码即可观看本条获奖作品的新媒体展示

作品评介

该片深入武汉、温州、广州等重点地区，以科研、人物、心理为线索，揭秘中国科学战"疫"的艰辛历程，记录平凡人的勇气与坚强。以严谨而温暖的创作态度和客观的叙事角度，让全世界看到真实的中国战"疫"故事。

从长安到罗马
（100集）

作品信息

参评项目及奖次：影视纪录类纪录片二等奖
报送单位：中国国际电视总公司
作品时长：每集6分20秒
发布平台：科教频道
首发日期及栏目：2020年1月28日特辟时段

新媒体展示

扫码即可观看本条获奖作品的新媒体展示

作品评介

该作品采用"双城记"的平行视角，讲述长安与罗马的文明交融对于人类文明的演变和发展作出的重大贡献，生动诠释以和平合作、开放包容、互学互鉴、互利共赢为核心的"丝路精神"。

"多闻"的二月

作品信息

参评项目及奖次：影视纪录类纪录片二等奖
报送单位：新闻中心
作品时长：40分16秒
发布平台：新闻频道
首发日期及栏目：2020年2月29日《新闻调查》

新媒体展示

扫码即可观看本条获奖作品的新媒体展示

作品评介

该节目记录了武汉市汉口区多闻社区在疫情全封闭管理模式下的生活，直面居民与社区的冲突和理解、责备与感恩，生动呈现了特殊时期武汉普通社区的最真实状态。

我是警察·灰与白
（4集）

作品信息

参评项目及奖次：影视纪录类纪录片二等奖
报送单位：社教节目中心
作品时长：每集 26 分 30 秒
发布平台：社会与法频道
首发日期及栏目：2020 年 12 月 15 日《天网》

新媒体展示

扫码即可观看本条获奖作品的新媒体展示

作品评介

该片讲述了三位南宁刑警打击灰色产业链犯罪的故事，凸显了当代刑警忘我的工作状态和崇高的职业理想，并就如何从国家层面有效打击黑灰产业链提出了有针对性的见解。

往事如歌
（3集）

作品信息

参评项目及奖次：影视纪录类纪录片二等奖
报送单位：影视剧纪录片中心
作品时长：每集 50 分钟
发布平台：纪录频道
首发日期及栏目：2020 年 10 月 2 日《特别呈现》

新媒体展示

扫码即可观看本条获奖作品的新媒体展示

作品评介

该片讲述了平均年龄 74 岁的清华学霸合唱团，用歌声讲述着自己的岁月往事和家国情怀。怀着对真实生活的敬畏，本片开启了一段人生的巡礼，刻画了老一辈科技工作者的群像。一生太短，一曲很长。活着的意义是什么？答案就在歌声里。

遍地英雄下夕烟
——致敬脱贫攻坚的人们
（6集）

作品信息

参评项目及奖次：影视纪录类纪录片二等奖
报送单位：财经节目中心
作品时长：代表作一：44分40秒；代表作二：44分59秒；
代表作三：44分59秒
发布平台：综合频道
首发日期及栏目：2020年10月28日特辟时段

新媒体展示

扫码即可观看本条获奖作品的新媒体展示

作品评介

该系列纪录片讲述了贫困地区干部群众和各界人士扶贫脱贫的故事，将宏大主题融入平易朴素的记录和叙述中，图解世界减贫事业中的中国智慧、中国方案。

门捷列夫很忙
（5集）

作品信息

参评项目及奖次：影视纪录类纪录片二等奖
报送单位：中央新闻纪录电影制片厂（集团）
作品时长：代表作一：24分09秒；代表作二：24分10秒；
代表作三：24分39秒
发布平台：纪录频道
首发日期及栏目：2020年6月17日《活力·源》

新媒体展示

扫码即可观看本条获奖作品的新媒体展示

作品评介

该作品以动画的方式讲述了俄国科学家门捷列夫发现元素周期律的故事，让观众对构成宇宙万物乃至人体的元素有了全新的认识，也创立了国内科学纪录片的新风格。

他们与天地永存
（5集）

作品信息

参评项目及奖次：影视纪录类纪录片二等奖
报送单位：影视剧纪录片中心
作品时长：代表作一：49 分 24 秒；
　　　　　代表作二：49 分 24 秒；
　　　　　代表作三：49 分 29 秒
发布平台：纪录频道
首发日期及栏目：2020 年 9 月 1 日《特别呈现》

新媒体展示

扫码即可观看本条获奖作品的新媒体展示

作品评介

该片作为纪念中国人民抗日战争胜利 75 周年的新创纪录片，通过日记、书信等档案材料，重塑了抗战英雄的群像，弘扬了他们崇高的爱国主义、英雄主义精神。

音乐厨房

作品信息

参评项目及奖次：文艺类文艺专题二等奖
报送单位：英语环球节目中心
作品时长：30 分钟
发布平台：CGTN 英语新闻频道
首发日期及栏目：2020 年 6 月 20 日《名人坊》

新媒体展示

扫码即可观看本条获奖作品的新媒体展示

作品评介

该节目连线世界各地的知名音乐家，通过美食和音乐给疫情中的全世界人民带去安慰和温暖，收获了欧美主流国家音乐家、音乐爱好者的大量好评。

等着我
——小兵李嘎子

作品信息

参评项目及奖次：文艺类文艺专题二等奖
报送单位：总编室
作品时长：46 分 58 秒
发布平台：综合频道
首发日期及栏目：2020 年 11 月 8 日《等着我》

新媒体展示

扫码即可观看本条获奖作品的新媒体展示

作品评介

该作品讲述了"嘎小子"在班长的帮助下，成为一名雷锋班战士的故事，以个体命运变化折射时代变迁，是《等着我》在弘扬正能量、讲好中国故事的语境下不断创新的代表之作。

第一书记的十八般武艺
（10 集）

作品信息

参评项目及奖次：文艺类文艺专题二等奖
报送单位：新闻中心
作品时长：代表作一：8 分 55 秒；代表作二：8 分 47 秒；代表作三：8 分 31 秒
发布平台：中国之声
首发日期及栏目：2020 年 8 月 24 日《新闻纵横》

新媒体展示

扫码即可观看本条获奖作品的新媒体展示

作品评介

该作品巧妙嫁接了新闻报道和评书艺术，鲜活演绎了驻村干部的先进事迹。该作品在多个媒体平台呈现，月内总播放量迅速超过百万，达到了意想不到的宣传效果。

梅兰芳与《生死恨》

作品信息

参评项目及奖次：文艺类文艺专题二等奖
报送单位：文艺节目中心
作品时长：24 分 12 秒
发布平台：文艺之声
首发日期及栏目：2020 年 9 月 18 日《戏迷天地》

新媒体展示

扫码即可观看本条获奖作品的新媒体展示

作品评介

该节目讲述了梅兰芳先生在抗战中创排新戏《生死恨》的历史过程，呈现了他不肯为侵略者演出而蓄须明志、暂别舞台的故事，展示了可贵的民族气节与爱国情怀。

跨越时空的苏轼琴歌

作品信息

参评项目及奖次：文艺类文艺专题二等奖
报送单位：英语环球节目中心
作品时长：23 分 30 秒
发布平台：轻松调频
首发日期及栏目：2020 年 11 月 27 日《Music Matters 午间版》

新媒体展示

扫码即可观看本条获奖作品的新媒体展示

作品评介

该节目通过对音乐家姚晨的访谈，聚焦跨越时空、富有永恒魅力的中国传统音乐，弘扬其具有当代价值的文化精神，让大众了解传统文化的当代意义。

2020年8月16日《劲曲调频电影原声坊》

📋 作品信息

参评项目及奖次：文艺类文艺专题二等奖
报送单位：文艺节目中心
作品时长：1小时35分06秒
发布平台：劲曲调频
首发日期及栏目：2020年8月16日《劲曲调频电影原声坊》

▶ 新媒体展示

扫码即可观看本条获奖作品的新媒体展示

💬 作品评介

该节目以电影原声音乐和主题歌为触发点，播报最新电影资讯，评论电影艺术，重视听众反馈，致力于增进中外文化互通共融，受到电影行业与听众的一致赞赏。

海报里的英雄
——纪念中国人民抗日战争暨世界反法西斯战争胜利75周年特别节目
（5集）

📋 作品信息

参评项目及奖次：文艺类综艺节目二等奖
报送单位：文艺节目中心
作品时长：每集60分钟
发布平台：综艺频道
首发日期及栏目：2020年8月30日特辟时段

▶ 新媒体展示

扫码即可观看本条获奖作品的新媒体展示

💬 作品评介

该节目从我国抗战题材的电影海报切入，将电影、戏剧、舞蹈、朗诵、合唱、交响乐等不同的艺术形式完美结合，紧扣时代脉搏，入选了广电总局2020年第三季度广播电视创新创优节目。

《中国诗词大会》第五季
（10集）

作品信息

参评项目及奖次：文艺类综艺节目二等奖
报送单位：社教节目中心
作品时长：每集1小时33分
发布平台：综合频道
首发日期及栏目：2020年1月28日《中国诗词大会》第五季

新媒体展示

扫码即可观看本条获奖作品的新媒体展示

作品评介

该节目以"赏中华诗词、寻文化基因、品生活之美"为宗旨，通过比拼诗词知识、赏析诗词文化，带动全民重温古诗词，曾获第22届上海电视节白玉兰奖"最佳综艺栏目"等奖项。

《上线吧！华彩少年》第一期

作品信息

参评项目及奖次：文艺类综艺节目二等奖
报送单位：文艺节目中心
作品时长：1小时15分
发布平台：综合频道
首发日期及栏目：2020年12月25日《上线吧！华彩少年》

新媒体展示

扫码即可观看本条获奖作品的新媒体展示

作品评介

该节目以引领新时代少年传承社会主义核心价值观为主旨，展现优秀的青少年对传统艺术的理解和热爱，实现了经济效益、社会效益和收视率等全方位收获。

2020年"六一"特别节目《我们的节日》

作品信息

参评项目及奖次：文艺类综艺节目二等奖
报送单位：体育青少节目中心
作品时长：1小时30分
发布平台：综合频道
首发日期及栏目：2020年6月1日特辟时段

新媒体展示

扫码即可观看本条获奖作品的新媒体展示

作品评介

该节目以儿童视角呈现宏大主题，围绕抗击疫情、劳动创造、红色传承、强健体魄和热爱科学五大主题，润物无声地传递党和国家的声音，引领少年儿童树立正确的价值观。

《勇攀巅峰之挑战不可能》第五季第六期

作品信息

参评项目及奖次：文艺类综艺节目二等奖
报送单位：总编室
作品时长：1小时32分47秒
发布平台：综合频道
首发日期及栏目：2020年8月23日《勇攀巅峰之挑战不可能》

新媒体展示

扫码即可观看本条获奖作品的新媒体展示

作品评介

该期节目将成语和挑战相结合，会聚12位来自全国各地的成语高手进行巅峰对决，通过创新的形式考验成语高手的极限能力，实现了节目的破圈传播。

瑜声
（上下集）

作品信息

参评项目及奖次：文艺类广播剧二等奖
报送单位：港澳台节目中心
作品时长：上集：20 分 43 秒；下集：18 分 34 秒
发布平台：香港之声
首发日期及栏目：2020 年 12 月 30 日《戏曲大观》

新媒体展示

扫码即可观看本条获奖作品的新媒体展示

作品评介

该作品以当代优秀青年京剧人王珮瑜为原型，讲述了她多年来在创新京剧传播方式上的努力，展现了当代青年京剧人在困境中谋新局的勇气与担当。

我的二十载回乡路

作品信息

参评项目及奖次：文艺类广播剧二等奖
报送单位：英语环球节目中心
作品时长：25 分 47 秒
发布平台：英语环球广播
首发日期及栏目：2020 年 11 月 4 日《脉动中国》

新媒体展示

扫码即可观看本条获奖作品的新媒体展示

作品评介

该作品通过大量实地采访音响和主人公的回忆述说，讲述了西藏边陲"缅甸归乡人"永青一家的归乡之路，展现了家庭命运与边疆发展的紧密相连。

英雄儿女
——纪念中国人民志愿军抗美援朝出国作战70周年文艺晚会

作品信息

参评项目及奖次：文艺类演出活动二等奖
报送单位：文艺节目中心
作品时长：1小时19分29秒
发布平台：综艺频道
首发日期及栏目：2020年10月24日特辟时段

新媒体展示

扫码即可观看本条获奖作品的新媒体展示

作品评介

晚会以弘扬爱国主义精神和革命英雄主义精神为主题，通过"回家""出征""铁血""家国"等八个篇章，以强大的感召力与凝聚力打破圈层壁垒，唤起家国共振的磅礴力量。

启航2021
——中央广播电视总台跨年盛典

作品信息

参评项目及奖次：文艺类演出活动二等奖
报送单位：文艺节目中心
作品时长：4小时03分
发布平台：综合频道、综艺频道、音乐之声、
　　　　　经典音乐广播、文艺之声
首发日期及栏目：2020年12月31日特辟时段

新媒体展示

扫码即可观看本条获奖作品的新媒体展示

作品评介

该节目以"启航，看中国"为主题，运用XR+AR等技术，结合2020年中国发生的大事件，展现全党全军全国各族人民不忘初心、牢记使命，向实现中华民族伟大复兴光辉目标不断进发的奋斗征程。

奋斗的青春最美丽
——2020年五四青年节特别节目

作品信息

参评项目及奖次：文艺类演出活动二等奖
报送单位：文艺节目中心
作品时长：1小时27分
发布平台：综合频道
首发日期及栏目：2020年5月4日特辟时段

新媒体展示

扫码即可观看本条获奖作品的新媒体展示

作品评介

该作品以党员、医务工作者、公安民警等奋战在抗疫一线的青年工作人员为主体，用"云录制"的方式讲述青春抗疫故事，表达两岸四地青年心手相牵、共同抗疫的信心和决心。

中央广播电视总台发布2020年度
国内国际十大科技新闻

作品信息

参评项目及奖次：融媒体类文字消息二等奖
报送单位：社教节目中心
作品字数：560字
发布平台：央视新闻客户端
首发日期：2020年12月29日

新媒体展示

扫码即可观看本条获奖作品的新媒体展示

作品评介

该节目邀请部分科研院所和高校等多位科技专家票选出2020年度国内国际十大科技新闻，以长图海报的形式在新媒体平台发布，体现了中央广播电视总台在传播中的引领力。

致敬英雄之城
——写在武汉解封之际

作品信息

参评项目及奖次：融媒体类文字评论二等奖
报送单位：央视网
作品字数：881 字
发布平台：央视网
首发日期：2020 年 4 月 8 日

新媒体展示

扫码即可观看本条获奖作品的新媒体展示

作品评介

该文章打破时政评论的套路，用一句拟人化的"武汉醒来"奠定全篇情绪基调，以饱含深情的语句，向英雄之城武汉致敬，向英雄的武汉人民致敬。

大湾区之声热评：后院起火的美国政客别再拿讹诈当饭吃了！

作品信息

参评项目及奖次：融媒体类文字评论二等奖
报送单位：港澳台节目中心
作品字数：1397 字
发布平台："大湾区之声"微信公众号
首发日期：2020 年 6 月 2 日

新媒体展示

扫码即可观看本条获奖作品的新媒体展示

作品评介

该评论抨击了美西方反华势力妄图破坏香港繁荣稳定的险恶用心，揭露了西方国家践踏国际法和国际关系基本准则的行径，传递了包括香港同胞在内的全体中国人民共享祖国繁荣富强的坚定决心。

国际锐评丨疫情之下，美国企业何以大手笔投资中国？

作品信息

参评项目及奖次：融媒体类文字评论二等奖
报送单位：新闻新媒体中心
作品字数：1614 字
发布平台：央视新闻客户端
首发日期：2020 年 4 月 23 日

新媒体展示

扫码即可观看本条获奖作品的新媒体展示

作品评介

该文运用大量美企投资中国的论据，层层深入，一气呵成，有力驳斥了"脱钩论"，对冲了美西方的负面炒作，有力提振了国际社会对中国市场和中国经济的信心。

战疫最前线

作品信息

参评项目及奖次：融媒体类网络专题二等奖
报送单位：央视网
发布平台：央视网
首发日期：2020 年 2 月 6 日

新媒体展示

扫码即可观看本条获奖作品的新媒体展示

作品评介

专题创新融合多种节目样态，如"伴随式"直播《为天使护航》对话一线医护、多点航拍直播武汉开城景象的《武汉复苏》、移动直播＋慢直播报道武大樱花等，在传播防疫知识、传递抗疫信心的同时，用有温度的报道鼓舞了人心、凝聚了力量。

"七一"特别节目《白衣飘飘,仍是少年》

作品信息

参评项目及奖次:融媒体类网络专题二等奖
报送单位:新闻中心
发布平台:央视新闻客户端
首发日期:2020年6月30日

新媒体展示

扫码即可观看本条获奖作品的新媒体展示

作品评介

该节目邀请在抗击新冠肺炎疫情中作出突出贡献的共产党员张定宇、童朝晖、张文宏"云端"同框,诠释这场新冠肺炎疫情阻击战中中国共产党人初心不改、使命如磐的精神。

中央广播电视总台发布2020年度国内国际十大考古新闻

作品信息

参评项目及奖次:融媒体类网络专题二等奖
报送单位:社教节目中心
发布平台:"探索发现"央视频号
首发日期:2020年12月30日

新媒体展示

扫码即可观看本条获奖作品的新媒体展示

作品评介

该节目邀请社科院学部委员、国内考古专家、一线学者评选出国内国际年度考古新闻各十条,并将十大考古新闻以新闻类短视频的形式推广至各大新媒体平台。

疫情分布图
（44集）

作品信息

参评项目及奖次：融媒体类网络专题二等奖
报送单位：民族语言节目中心
发布平台："中国维吾尔语广播CNR"微信公众号
首发日期：2020年1月29日

新媒体展示

扫码即可观看本条获奖作品的新媒体展示

作品评介

疫情期间，民族语言节目中心融媒体部多语种微信公众号坚持发布权威、真实、客观的多语种《疫情分布图》，在指导地方抗疫斗争中发挥了积极作用，取得了良好的宣传效果。

写封信给五年前的自己｜我是祖国的界碑：绝不把国土守小了，更不能把国土守丢了！

作品信息

参评项目及奖次：融媒体类网络专题二等奖
报送单位：新闻新媒体中心
发布平台：央视新闻客户端
首发日期：2020年12月22日

新媒体展示

扫码即可观看本条获奖作品的新媒体展示

作品评介

该节目讲述了西藏日喀则军分区海拔5318米的查果拉哨所边防官兵的守边故事，记录了面对错综复杂的边境局势和极端艰苦的自然环境，战士们舍小家为大家、坚定守好每一寸国土的感人事迹。

远山的回响
（10 期）

作品信息

参评项目及奖次：融媒体类网络专题二等奖
报送单位：央广网
发布平台：央广网
首发日期：2020 年 11 月 9 日

新媒体展示

扫码即可观看本条获奖作品的新媒体展示

作品评介

该专题选取了习近平总书记考察走访过的十个典型村，通过记者蹲点式调研层层挖掘了当地脱贫攻坚的感人故事，展现了脱贫地区干部群众"平凡坚守　不忘初心"的生动实践。

热点追击：青海祁连山腹地非法采矿

作品信息

参评项目及奖次：融媒体类网络专题二等奖
报送单位：新闻新媒体中心
发布平台：央视新闻客户端、微博、微信公众号
首发日期：2020 年 8 月 11 日

新媒体展示

扫码即可观看本条获奖作品的新媒体展示

作品评介

记者夜探木里矿区，追采多位事件关键人物，深度调查了非法开采的幕后黑手。该报道有速度、有力度、有深度，引起了国家有关部门的重视，推动了事件进展。

欧洲头条丨听说我们的新冠检测试剂盒又被瑞典黑了,独家采访还原真相!

作品信息

参评项目及奖次:融媒体类网络专题二等奖
报送单位:国际交流局(欧洲总站)
发布平台:央视新闻客户端
首发日期:2020 年 8 月 31 日

新媒体展示

扫码即可观看本条获奖作品的新媒体展示

作品评介

记者独家采访了瑞典权威科学家拉尔斯·恩斯特兰德(Lars Engstrand)教授,并配以动画解释发生"3700 个错误的阳性检测报告"的原因,该作品取得了优秀的传播效果。

独家视频丨国士无双!英雄向我们走来!

作品信息

参评项目及奖次:融媒体类短视频现场新闻二等奖
报送单位:新闻中心
作品时长:1 分 34 秒
发布平台:央视新闻客户端
首发日期:2020 年 9 月 8 日

新媒体展示

扫码即可观看本条获奖作品的新媒体展示

作品评介

短片记录了"共和国勋章"获得者钟南山,"人民英雄"国家荣誉称号获得者张伯礼、张定宇、陈薇于 9 月 8 日表彰大会召开前步入人民大会堂的精彩瞬间,是时政活动外围报道的典范之作。

现场视频！总台央视记者手机拍摄以色列空袭叙利亚

作品信息

参评项目及奖次：融媒体类短视频现场新闻二等奖
报送单位：国际交流局（中东总站）
作品时长：2分30秒
发布平台："央视新闻"微博
首发日期：2020年7月21日

新媒体展示

扫码即可观看本条获奖作品的新媒体展示

作品评介

中央广播电视总台驻大马士革站记者朱雪松，第一时间冒着危险记录下了以色列导弹与叙利亚反导系统在空中交锋的完整过程，并对空袭现场进行现场解说，展现了总台记者的专业形象。

总台记者眼中的2020世界
（8集）

作品信息

参评项目及奖次：融媒体类短视频专题报道二等奖
报送单位：新闻中心
作品时长：代表作一：3分53秒；代表作二：5分10秒；
代表作三：2分55秒
发布平台：央视新闻客户端
首发日期：2020年12月28日

新媒体展示

扫码即可观看本条获奖作品的新媒体展示

作品评介

该报道从8位海外记者的视角梳理了2020年国际热点新闻，通过记者重返新闻现场的形式展开叙述，展现了风云变幻的2020年世界。

双语竖视频系列《第一书记下乡记》
（40集）

作品信息

参评项目及奖次：融媒体类短视频专题报道二等奖
报送单位：英语环球节目中心
作品时长：代表作一：2分56秒；代表作二：7分钟；
代表作三：3分58秒
发布平台：CGTN客户端
首发日期：2020年1月1日

新媒体展示

扫码即可观看本条获奖作品的新媒体展示

作品评介

该作品通过H5交互页面，以地图视频墙形式呈现了中国290万名扶贫书记和他们的帮扶故事，留住了脱贫一线的真实场景，展现了扶贫干部吃苦耐劳、舍小家为大家的奋斗精神，辅以数据新闻动态展现中国脱贫历程，将人物故事与中国的脱贫进程紧密结合。

独家专访｜钟南山：疫情"震中"可能转移到美国了

作品信息

参评项目及奖次：融媒体类短视频专题报道二等奖
报送单位：人事局（广东总站）
作品时长：8分07秒
发布平台：央视新闻客户端
首发日期：2020年3月27日

新媒体展示

扫码即可观看本条获奖作品的新媒体展示

作品评介

记者独家采访钟南山院士，解读全球疫情"震中"转移以及疫情防控经验、药物治疗等最新研究成果，总结中国疫情防控经验，分析了目前疫情发展态势，成为携手全球共同抗疫的有力声音。

沉浸式虚拟专题片：地道战

作品信息

参评项目及奖次：融媒体类短视频专题报道二等奖
报送单位：英语环球节目中心
作品时长：7分50秒
发布平台：CGTN客户端
首发日期：2020年9月3日

新媒体展示

扫码即可观看本条获奖作品的新媒体展示

作品评介

该作品结合虚拟引擎UE4和沉浸式虚拟演播室技术，以河北冉庄地道为原型，真实还原了当年地道战的地下全貌和各坑道细节，展现了抗战时期人民群众与敌人斗智斗勇的历史。

从故宫开始了解中国文化
（21集）

作品信息

参评项目及奖次：融媒体类短视频专题报道二等奖
报送单位：民族语言节目中心
作品时长：代表作一：2分52秒；代表作二：1分38秒；
代表作三：2分15秒
发布平台：央视频
首发日期：2020年10月1日

新媒体展示

扫码即可观看本条获奖作品的新媒体展示

作品评介

该作品介绍了故宫博物院的演变历史、建造历史及周围摆放物件所代表的含义，不仅提高了新疆各族群众的"五个认同"，还满足了维吾尔族群众想要了解祖国深厚文化底蕴的愿望。

专访林郑月娥：大湾区对香港是一个很大的机遇

作品信息

参评项目及奖次：融媒体类短视频专题报道二等奖
报送单位：港澳台节目中心
作品时长：9分58秒
发布平台："大湾区之声"微博
首发日期：2020年10月26日

新媒体展示

扫码即可观看本条获奖作品的新媒体展示

作品评介

在深圳改革开放40周年之际，专访通过对香港特区行政长官全面、细致的访问，深入阐释了香港亟待解决的难题和"破局"的方式，并结合粤港澳大湾区国家战略中的重要领域和方向对此进行解读。

等你回来
（11集）

作品信息

参评项目及奖次：融媒体类短视频专题报道二等奖
报送单位：新闻新媒体中心
作品时长：代表作一：4分47秒；代表作二：4分03秒；
　　　　　代表作三：3分53秒
发布平台：央视新闻客户端
首发日期：2020年3月6日

新媒体展示

扫码即可观看本条获奖作品的新媒体展示

作品评介

该作品基于UGC（用户原创内容）的Vlog内容，以专业媒体为中心，展现了从全国各地奔赴湖北支援的医务人员的无私奉献与付出，为主流媒体与用户的协作式内容生产提供了范本。

向总书记报告
（6集）

作品信息

参评项目及奖次：融媒体类短视频专题报道二等奖
报送单位：新闻新媒体中心
作品时长：代表作一：7分29秒；代表作二：6分27秒；
　　　　　代表作三：5分48秒
发布平台：央视新闻客户端
首发日期：2020年10月18日

新媒体展示

扫码即可观看本条获奖作品的新媒体展示

作品评介

该作品从贵州、江西、内蒙古、甘肃、山西等省区选取习近平总书记深情关怀的六个村庄，以驻村第一书记的视角，展现脱贫成果，反映当地干部群众牢记习近平总书记嘱托，坚决打赢脱贫攻坚战的行动和成效。

长卷微视频丨我的选择

作品信息

参评项目及奖次：融媒体类短视频专题报道二等奖
报送单位：新闻新媒体中心
作品时长：4分45秒
发布平台：央视新闻客户端
首发日期：2020年6月30日

新媒体展示

扫码即可观看本条获奖作品的新媒体展示

作品评介

该片采用手绘与数据可视化的方式梳理99年党史与成就，配以改编后的流行歌曲《都选C》，体现了主旋律年轻化传播的创作思维，为主题正能量作品的创作提供了新坐标与新参考。

重磅微视频丨全面小康：一个都不能少

作品信息

参评项目及奖次：融媒体类短视频专题报道二等奖
报送单位：央视网
作品时长：4 分 42 秒
发布平台：央视网
首发日期：2020 年 4 月 30 日

新媒体展示

扫码即可观看本条获奖作品的新媒体展示

作品评介

该作品记录了宁夏、重庆各地扶贫产业的发展，穿插扶贫干部、乡村医生、致富带头人、接受帮扶的普通百姓群像，全面展示了中国乡村脱贫致富实现小康的新图景。

我参加了那场伟大战争
（11 集）

作品信息

参评项目及奖次：融媒体类短视频专题报道二等奖
报送单位：新闻新媒体中心
作品时长：代表作一：7 分 17 秒；代表作二：7 分 48 秒；代表作三：8 分 26 秒
发布平台：央视新闻客户端、微博、哔哩哔哩（bilibili）
首发日期：2020 年 10 月 18 日

新媒体展示

扫码即可观看本条获奖作品的新媒体展示

作品评介

该系列微纪录片以亲历战争老兵的第一人称视角，讲述了我国志愿军出国作战、抗美援朝的故事，在唤起青年受众广泛共情掀起爱国主义热潮的同时，也为中国留下了宝贵的"口述历史影像志"。

"心花绽放"系列动漫
（3集）

作品信息

参评项目及奖次：融媒体类短视频专题报道二等奖
报送单位：央视网
作品时长：共三集。二维码展示其中第三集：5分12秒
发布平台：央视网
首发日期：2020年9月10日

新媒体展示

扫码即可观看本条获奖作品的新媒体展示

作品评介

该系列动漫短片聚焦深度贫困地区的感人故事，通过找准人物故事点，寻求情感共鸣点，把重大主题转化为生动、鲜活、充满剧情张力的微故事，以小人物彰显了大情怀。

日本网友为武汉加油，华春莹：衷心感谢

作品信息

参评项目及奖次：融媒体类短视频专题报道二等奖
报送单位：亚洲非洲地区语言节目中心
作品时长：2分03秒
发布平台：国际在线、YouTube、Facebook、Twitter
首发日期：2020年2月6日

新媒体展示

扫码即可观看本条获奖作品的新媒体展示

作品评介

该视频以疫情期间外交部发言人华春莹回应日本网友给武汉加油为契机，整理汇集了两国网民友好互动的画面和视频，展现了两国人民真实的友好情谊，成功为两国关系营造了良好的舆论氛围。

春晚进行时

作品信息

参评项目及奖次：融媒体类移动直播二等奖
报送单位：文艺节目中心
作品时长：2 小时 27 分 48 秒
发布平台："春晚"官方账号（微博、快手、央视频、头条号、百家号），总台新媒体平台（央视新闻、央视影音、央视网、CCTV 微视、央视综艺春晚 APP）
首发日期：2020 年 1 月 22 日

新媒体展示

扫码即可观看本条获奖作品的新媒体展示

作品评介

该节目作为春晚新媒体原创品牌，备受业界关注和广告客户青睐。2020 年该节目再一次全新升级，主打网综概念，强化综艺性和访谈互动性，用数字解读春晚、解读中国年。

新冠病患转运火神山医院

作品信息

参评项目及奖次：融媒体类移动直播二等奖
报送单位：英语环球节目中心
作品时长：1 小时 55 分 30 秒
发布平台：CGTN 客户端
首发日期：2020 年 2 月 3 日

新媒体展示

扫码即可观看本条获奖作品的新媒体展示

作品评介

该直播展示了火神山医院落成后武汉卫生部门转运新冠病患的全过程，实时更新了转运情况与武汉抗疫进展，有效引导了国内外舆论，避免了西方媒体对火神山医院和中国抗疫透明度的恶意揣测。

移动直播：山河无恙，英雄归来！
第七批在韩志愿军烈士遗骸今天归国

作品信息

参评项目及奖次：融媒体类移动直播二等奖
报送单位：国际交流局（亚太总站）
作品时长：4 小时 45 分 16 秒
发布平台："央视新闻"微博
首发日期：2020 年 9 月 27 日

新媒体展示

扫码即可观看本条获奖作品的新媒体展示

作品评介

记者在现场条件有限的情况下，使用手机配合摄像机，对在韩中国志愿军烈士遗骸交接仪式进行了全面直播，确保了电视新闻直播以及网络平台直播的同时兼顾，及时准确地为不同终端受众带来了第一时间的独家现场。

进博 360°
——全景进博 创新直播

作品信息

参评项目及奖次：融媒体类移动直播二等奖
报送单位：华语环球节目中心
作品时长：168 小时
发布平台：央视频、抖音、快手、微博、今日头条等平台
首发日期：2020 年 11 月 4 日

新媒体展示

扫码即可观看本条获奖作品的新媒体展示

作品评介

该直播贯穿了完整进博周期，采用云端切换技术和快慢直播结合的方式，多角度展示了进博会盛况，立体展现了上海的开放与包容，表达出"中国同世界分享市场机遇、推动世界经济复苏的真诚愿望"。

央视频"搭把手、拉一把"大型融媒体公益活动
（4集）

作品信息

参评项目及奖次：融媒体类移动直播二等奖
报送单位：视听新媒体中心
作品时长：代表作一：13小时55分56秒；
代表作二：3小时14分37秒
发布平台：央视频
首发日期：2020年4月15日

新媒体展示

扫码即可观看本条获奖作品的新媒体展示

作品评介

此次活动通过多形式、多样态、多渠道的融媒体产品，整合社会资源，帮助销售湖北省特色农产品，切实助力湖北早日全面步入正常轨道。同时，活动还实现了广告销售，为接下来的央视频商业化进行了探索。

"新消费 爱生活"
——北京消费季

作品信息

参评项目及奖次：融媒体类移动直播二等奖
报送单位：财经节目中心
作品时长：1小时30分
发布平台：央视财经客户端
首发日期：2020年6月6日

新媒体展示

扫码即可观看本条获奖作品的新媒体展示

作品评介

该融媒体活动采用大小屏直播的方式，对商圈消费情况进行了翔实报道，让现场的消费者参与其中，亲身感受消费季的红利，为北京消费市场的重启成功进行了宣推。

2020年CGTN官网首页(全新改版)

作品信息

参评项目及奖次:融媒体类页(界)面设计二等奖
报送单位:英语环球节目中心
发布平台:CGTN官网
首发日期:2020年11月8日

新媒体展示

扫码即可观看本条获奖作品的新媒体展示

作品评介

CGTN官网自上线以来不断创新,此次改版使用了全新的年轻化视觉设计,突出了网站个性化和互动性,形成了以15个专业垂直内容频道为依托、与电视频道融合运营的综合性多语种网站。

时政融媒体频道《传习录》(改版)

作品信息

参评项目及奖次:融媒体类页(界)面设计二等奖
报送单位:新闻新媒体中心
发布平台:央视新闻客户端
首发日期:2020年10月15日

新媒体展示

扫码即可观看本条获奖作品的新媒体展示

作品评介

全新升级的时政融媒体频道《传习录》明确产品定位,整合内容与版块设置,着眼时政报道传播的移动化与社交化,突出展现了习近平总书记治国理政的思想精髓。

故宫"美容师"大挑战

作品信息

参评项目及奖次:融媒体类创意互动二等奖
报送单位:影视剧纪录片中心
作品时长:10分钟
发布平台:央视频
首发日期:2020年12月31日

新媒体展示

扫码即可观看本条获奖作品的新媒体展示

作品评介

该产品采用互动视频的方式,根据紫禁城六百年的历史设置知识问答,让用户通过选择题进入不同的页面。这一方式提升了视频的趣味性,让历史中那些有趣的故事和"冷知识"为更多人熟知。

VR雪域雄兵
——西藏军区边防部队巡逻纪实

作品信息

参评项目及奖次:融媒体类创意互动二等奖
报送单位:央视网
发布平台:央视网
首发日期:2020年10月16日

新媒体展示

扫码即可观看本条获奖作品的新媒体展示

作品评介

该作品运用VR技术与热点新闻深度融合,360°全景直击西藏日喀则查果拉哨所战士们的日常工作及生活,真实呈现了战士们用热血和青春捍卫祖国边境的英姿。沉浸式的报道让观众体验到更强的视觉冲击力和情感震撼力。

中国人民广播80周年有声图鉴《创意声漫》

作品信息

参评项目及奖次：融媒体类创意互动二等奖
报送单位：央广网
发布平台："央广网"微信公众号
首发日期：2020年12月30日

新媒体展示

扫码即可观看本条获奖作品的新媒体展示

作品评介

该作品将音频、文字、图片等素材以交互的形式展示，回顾了中国人民广播事业80年的发展，用耳熟能详的声音唤醒人们的记忆，激发了人民对广播事业的崇敬及对祖国的热爱。

王冠红人馆

作品信息

参评项目及奖次：融媒体类融合创新二等奖
报送单位：财经节目中心
作品时长：代表作一：2小时59分42秒；
　　　　　代表作二：2小时58分55秒；
　　　　　代表作三：2小时53分51秒
发布平台：央视频
首发日期：2020年8月8日

新媒体展示

扫码即可观看本条获奖作品的新媒体展示

作品评介

该节目组致力打造"可听可看的新广播"，利用央视频5G时代视听技术和财经节目中心优质视频素材，结合传统广播与受众实时直播交互的优势，为网友和听众带来了新时代视听体验。

《擎动中国》线上模拟器赛车总决赛

作品信息

参评项目及奖次：融媒体类融合创新二等奖
报送单位：体育青少节目中心
作品时长：2小时34分59秒
发布平台：央视体育客户端
首发日期：2020年12月19日

新媒体展示

扫码即可观看本条获奖作品的新媒体展示

作品评介

该节目是中央广播电视总台首档顶级汽车融媒体旗舰赛事节目，首创"网络端+电视端"的双赛场模式，积极与澳门体育局合作，推动了文化惠澳政策落地，也助力了澳门经济转型。

《"禁毒精英 守护净土"知识大闯关》答题互动H5

作品信息

参评项目及奖次：融媒体类融合创新二等奖
报送单位：社教节目中心
发布平台："CCTV热线12"微信公众号
首发日期：2020年6月26日

新媒体展示

扫码即可观看本条获奖作品的新媒体展示

作品评介

该作品配合"6·26"国际禁毒日的宣传工作，将严肃的禁毒普法宣传创新与手游相结合，让用户在答题互动中了解毒品的危害，有效提高了全民的禁毒防毒意识。

三星堆大发掘
（28 集）

作品信息

参评项目及奖次：融媒体类融合创新二等奖
报送单位：视听新媒体中心
作品时长：代表作一：1 分 49 秒；代表作二：2 分 02 秒；
　　　　　代表作三：1 小时 05 分 06 秒
发布平台：央视频
首发日期：2020 年 12 月 23 日

新媒体展示

扫码即可观看本条获奖作品的新媒体展示

作品评介

该作品关注四川广汉三星堆新一轮的考古发掘进程，采用短视频、慢直播、移动直播、纪录片及互动创意游戏等融媒体报道方式，实时展现此次考古的发掘过程，吸引网友进行云助力、云参与。

云登顶　看珠峰

作品信息

参评项目及奖次：融媒体类融合创新二等奖
报送单位：视听新媒体中心
作品时长：代表作一：13 分 28 秒；代表作二：3 分 03 秒
发布平台：央视频
首发日期：2020 年 4 月 23 日

新媒体展示

扫码即可观看本条获奖作品的新媒体展示

作品评介

央视频全网首发 5G+4K 高清珠峰慢直播，制作"云登顶　看珠峰"新媒体合集，用高清视角呈现雪域高原的雄壮景致，让万千网友足不出户便可欣赏到珠峰的壮美与险峻。

中国诗词小会
（5集）

作品信息

参评项目及奖次：融媒体类融合创新二等奖
报送单位：视听新媒体中心
作品时长：代表作一：1小时45分16秒；
　　　　　代表作二：1小时27分14秒；
　　　　　代表作三：1小时22分57秒
发布平台：央视频
首发日期：2020年12月2日

新媒体展示

扫码即可观看本条获奖作品的新媒体展示

作品评介

该节目将"诗词"这一中华优秀传统文化进行趣味性、年轻化的演绎，通过互动游戏、诗词文化秀等众多创新的形式，给年轻网友们带来了别开生面的"诗词盛宴"，也助力了诗词文化传承。

穿越新疆

作品信息

参评项目及奖次：融媒体类融合创新二等奖
报送单位：英语环球节目中心
作品时长：代表作一：51秒；代表作二：2分44秒；
　　　　　代表作三：3分18秒
发布平台：CGTN英语频道、CGTN客户端/官网及海外社交平台
首发日期：2020年9月5日

新媒体展示

扫码即可观看本条获奖作品的新媒体展示

作品评介

该节目以移动融媒体直播、慢直播、微视频、Vlog、图文等形式，分北、中、南三段接力完成穿越任务，充分展现了新疆的美丽自然景观、多彩人文风情、社会全面稳定和人民安居乐业。

蓬佩奥诚信大考验

作品信息

参评项目及奖次：融媒体类融合创新二等奖
报送单位：英语环球节目中心
作品时长：1分30秒
发布平台：CGTN官网
首发日期：2020年5月20日

新媒体展示

扫码即可观看本条获奖作品的新媒体展示

作品评介

该作品取材于时任美国国务卿蓬佩奥就新冠肺炎疫情针对中国发表的污蔑言论，将事实与观点寓于电子游戏的形式之中，一一进行回击，有效传播了中国声音。该作品被国内外主流媒体广泛转载，获得良好传播效果。

脱贫攻坚中的大湾区力量
（14期）

作品信息

参评项目及奖次：融媒体类融合创新二等奖
报送单位：港澳台节目中心
作品时长：代表作一：5分18秒；代表作二：5分03秒；代表作三：8分钟
发布平台："大湾区之声"微信公众号
首发日期：2020年11月27日

新媒体展示

扫码即可观看本条获奖作品的新媒体展示

作品评介

该报道聚焦大湾区"9+2"城市群，通过挖掘扶贫一线的感人故事，以独特视角讲述大湾区助力脱贫攻坚的经验，展现了广东和港澳各界为决战决胜脱贫攻坚所作的贡献和成就，音视频融媒传播极具感染力和吸引力。

全球疫情会诊室
（76期）

作品信息

所获奖次：创新奖、融媒体类融合创新二等奖
参评项目：融媒体类融合创新
报送单位：英语环球节目中心
作品时长：代表作一：1小时05分11秒；
　　　　　代表作二：1小时22分41秒；
　　　　　代表作三：2小时05分34秒
发布平台：CGTN客户端/官网、CGTN海内外社交媒体平台
首发日期：2020年3月11日

新媒体展示

扫码即可观看本条获奖作品的新媒体展示

作品评介

在国内疫情形势出现积极转变的大背景下，武汉抗疫记者首创此档媒体融合创新节目，如实反映了中国医生在新冠肺炎疫情危急关头与国际同行分享救治经验、沟通医疗信息的过程。该系列节目得到国内外多家媒体报道和转载，同时被《抗击新冠肺炎疫情的中国行动》白皮书收录。节目为全球提供了宝贵的中国抗疫实战经验，社会效益明显。

"足不出沪　享购好物"融媒体报道

作品信息

参评项目及奖次：融媒体类融合创新二等奖
报送单位：欧洲拉美地区语言节目中心
发布平台：中意客户端
首发日期：2020年11月5日

新媒体展示

扫码即可观看本条获奖作品的新媒体展示

作品评介

该报道聚焦"世界的市场、共享的市场、大家的市场"，在第三届进博会和中意建交50周年的节点，以"中央广播电视总台主持人＋中外网红主播＋外方嘉宾"的方式创建了中外经济文化交流的新模式。

部长共话：下半年，这么干！
（10集）

作品信息

参评项目及奖次：融媒体类融合创新二等奖
报送单位：新闻新媒体中心
作品时长：代表作一：1小时19分24秒；
　　　　　代表作二：2分35秒
发布平台：央视新闻客户端
首发日期：2020年8月6日

新媒体展示

扫码即可观看本条获奖作品的新媒体展示

作品评介

该节目以国家发改委、财政部等十位部委负责人的独家专访为基础，邀请董明珠、曹德旺等社会知名人士和网络名人以及话题嘉宾对各部长的专访内容进行解读，极大程度地聚合了报道资源。

跨过2020
——央视频跨年晚会大赏

作品信息

参评项目及奖次：融媒体类融合创新二等奖
报送单位：视听新媒体中心
作品时长：7小时08分56秒
发布平台：央视频
首发日期：2020年12月31日

作品评介

该直播延续了多路信号切换+主持人点评大赏模式，打破了地域和平台限制，将多场晚会表演、实时数据、现场点评与网友留言融合，实现了内容能力与工具能力的双重赋能。

《我的祖国》4K 超高清彩色修复版及融媒体产品

作品信息

参评项目及奖次：融媒体类融合创新二等奖
报送单位：视听新媒体中心
作品时长：代表作一：5 分 12 秒；代表作二：4 分 33 秒；
　　　　　代表作三：1 分 30 秒
发布平台：央视频
首发日期：2020 年 9 月 30 日

新媒体展示

扫码即可观看本条获奖作品的新媒体展示

作品评介

该作品对反映抗美援朝的经典黑白故事片《上甘岭》中经典歌曲片段《我的祖国》进行了 4K 超高清彩色修复，精心设计宣推方案，形成了完整的"传播→共鸣"链条。

逐梦深蓝｜中国"奋斗者"号载人潜水器万米级海试系列报道

作品信息

参评项目及奖次：融媒体类融合创新二等奖
报送单位：视听新媒体中心
作品时长：11 小时 44 分 48 秒
发布平台：央视频
首发日期：2020 年 11 月 10 日

新媒体展示

扫码即可观看本条获奖作品的新媒体展示

作品评介

该作品融合了多种新媒体形式，全景展现了中国载人深潜创造新纪录的全过程，实现了全球首次跨海域不间断慢传播、万米洋底直播，也让观众更加了解载人深潜团队与载人深潜事业。

"你好，新时代"青年融媒体作品大赛

作品信息

参评项目及奖次：融媒体类融合创新二等奖
报送单位：新闻新媒体中心
作品时长：代表作一：9分55秒；代表作二：7分38秒；
代表作三：8分钟
发布平台：央视新闻客户端
首发日期：2020年5月4日

新媒体展示

扫码即可观看本条获奖作品的新媒体展示

作品评介

"你好，新时代"青年融媒体作品大赛已连续举办三届，本届大赛以"人民的小康"为主题广泛征集作品，紧紧围绕2020年决胜全面建成小康社会、决战脱贫攻坚的目标任务，服务统筹推进新冠肺炎疫情防控和经济社会发展工作大局，通过全媒体传播主流声音，在和青年朋友的同频共振中将时代发展、国家力量、民族精神、中国文化进行了春风化雨、润物无声的精巧表达，讲好中国故事，不断凝心聚力，弘扬主旋律、传播正能量。

云听大型非遗文化传承声音纪录片
《非遗第N年》
（50期）

作品信息

参评项目及奖次：融媒体类融合创新二等奖
报送单位：央广网
作品时长：代表作一：4分钟；代表作二：3分37秒；
代表作三：4分31秒
发布平台：云听客户端
首发日期：2020年10月12日

新媒体展示

扫码即可观看本条获奖作品的新媒体展示

作品评介

该作品围绕"声音纪录片"的策划理念，配合场景还原的制作方式、创意营销的玩法设计以及具有号召力的嘉宾阵营，取得了不俗的成绩。首期节目在云听上线24小时，即突破15万的收听量。

2020 年航天系列慢直播、短视频等原创融媒体产品

作品信息

参评项目及奖次：融媒体类融合创新二等奖
报送单位：视听新媒体中心
作品时长：代表作一：1 分 22 秒；代表作二：1 分 15 秒
发布平台：央视频
首发日期：2020 年 6 月 13 日

新媒体展示

扫码即可观看本条获奖作品的新媒体展示

作品评介

该产品通过慢直播、短视频、H5 页面设计等报道形式，依次对"天问一号探测任务""嫦娥五号发射任务"等事件进行了全方位、多形态的报道，拉近了用户与大事件的距离。

呼叫 027
（11 集）

作品信息

参评项目及奖次：融媒体类融合创新二等奖
报送单位：文艺节目中心
作品时长：代表作一：7 分 29 秒；代表作二：7 分 21 秒；
代表作三：6 分 59 秒
发布平台：央视综艺新媒体矩阵（现更名为央视文艺），主要包括央视频、微博、微信、抖音、今日头条、腾讯微视、百度等。
首发日期：2020 年 3 月 4 日

新媒体展示

扫码即可观看本条获奖作品的新媒体展示

作品评介

《呼叫 027》是疫情期间文艺中心特别策划的一档新媒体节目，主持人远程连通武汉抗疫一线，并邀请正能量明星嘉宾倾情加入，与平凡英雄远程对话，为同胞们祈福加油。节目在疫区和观众之间、总台和被连线者之间构建起一道爱的桥梁。

海峡两岸

作品信息

参评项目及奖次：栏目类二等奖
报送单位：华语环球节目中心
栏目时长：26 分 30 秒
创办日期：1996 年 2 月 1 日
发布平台：中文国际频道
刊播周期：日播

新媒体展示

扫码即可观看本条获奖作品的新媒体展示

作品评介

作为中央广播电视总台唯一日播的涉台时事新闻评论栏目，《海峡两岸》分别获得第 24 届和第 27 届中国新闻奖新闻名专栏奖，是在复杂严峻的台海形势下坚守意识形态阵地的模范作品。

天下足球

作品信息

参评项目及奖次：栏目类二等奖
报送单位：体育青少节目中心
作品时长：1 小时 55 分
创办日期：2000 年 11 月 27 日
发布平台：体育频道
刊播周期：周播

新媒体展示

扫码即可观看本条获奖作品的新媒体展示

作品评介

《天下足球》是一档以报道国际足球为主要内容的栏目，20 年来始终以其合理的编排、精致的制作、专业的解读在观众及业界享有很高的口碑。

探索·发现

作品信息

参评项目及奖次：栏目类二等奖
报送单位：社教节目中心
栏目时长：40 分钟
创办日期：2001 年 7 月 9 日
发布平台：科教频道
刊播周期：日播

新媒体展示

扫码即可观看本条获奖作品的新媒体展示

作品评介

《探索·发现》是中国电视史上第一个大型人文历史和自然地理类纪录片日播栏目，是"中国的地理探索，中国的历史发现，中国的文化大观"。20 年来，作为中国纪录片行业的品牌栏目，该栏目始终是国内优秀纪录片制作与播出的主阵地。

China 24

作品信息

参评项目及奖次：栏目类二等奖
报送单位：英语环球节目中心
作品时长：45 分钟
创办日期：2010 年 4 月 26 日
发布平台：CGTN 英语新闻频道
刊播周期：日播

新媒体展示

扫码即可观看本条获奖作品的新媒体展示

作品评介

《China 24》是中国国际电视台英语频道唯一一档聚焦国内新闻的日播新闻栏目。节目聚焦中国，同时具有国际视野，是讲好中国故事、传递中国声音的优秀栏目作品。

粉碎标题党

作品信息

参评项目及奖次：栏目类二等奖
报送单位：英语环球节目中心
作品时长：30 分钟
创办日期：2019 年 10 月 18 日
发布平台：CGTN 英语新闻频道
刊播周期：周播

新媒体展示

扫码即可观看本条获奖作品的新媒体展示

作品评介

《粉碎标题党》采用"舆论对抗、主动出击"的思路，打破西方媒体舆论的话语枷锁，主动参与全球对话并塑造国际话语权，建立中国评论节目话语体系，对冲西方文化霸权和价值体系；同时创新利用 AR 增强现实技术，为融合传播注入新活力，使评论节目呈现效果更加生动。

三农群英汇

作品信息

参评项目及奖次：栏目类二等奖
报送单位：农业农村节目中心
作品时长：25 分钟
创办日期：2019 年 9 月 23 日
发布平台：农业农村频道
刊播周期：日播

新媒体展示

扫码即可观看本条获奖作品的新媒体展示

作品评介

《三农群英汇》以新闻性、故事化、细节化、个性化的叙事手法讲述脱贫攻坚乡村振兴中涌现出的典型人物故事，用最朴实的方式、最真实最鲜活的记录，打造具有农业农村频道"沾泥土、带露珠、冒热气"独特气质的人物报道。

档案揭秘

作品信息

参评项目及奖次：栏目类二等奖
报送单位：新闻中心
栏目时长：22 分钟
创办日期：2005 年 9 月 28 日
发布平台：环球资讯广播
刊播周期：日播

新媒体展示

扫码即可观看本条获奖作品的新媒体展示

作品评介

《档案揭秘》是一档讲述式历史类日播栏目，选题紧贴时下热点，并适当兼顾国际题材，在内容上追求用现代新颖的视角解读历史，具有极高的听众忠诚度和品牌美誉度。

中国 TOP 排行榜

作品信息

参评项目及奖次：栏目类二等奖
报送单位：文艺节目中心
栏目时长：2 小时
创办日期：2002 年 12 月 2 日
发布平台：音乐之声
刊播周期：周一至周五，日播

新媒体展示

扫码即可观看本条获奖作品的新媒体展示

作品评介

《中国 TOP 排行榜》是音乐之声王牌栏目，以丰富的节目设置为年轻受众提供最领先、最潮流、最有价值的流行音乐收听指南，积极发挥国家级媒体在文艺领域的舆论引领作用。

圆桌议事

作品信息

参评项目及奖次：栏目类二等奖
报送单位：英语环球节目中心
作品时长：53 分 23 秒
创办日期：2013 年 7 月 31 日
发布平台：轻松调频
刊播周期：周一至周五，日播

新媒体展示

扫码即可观看本条获奖作品的新媒体展示

作品评介

《圆桌议事》是一档针对中国社会热门话题展开轻松讨论的英语脱口秀，通过中外观点的自由碰撞，为听众提供了解中国当代社会发展的多元视角。

CGTN 记者团

作品信息

参评项目及奖次：栏目类二等奖
报送单位：英语环球节目中心
创办日期：2019 年 12 月 28 日
发布平台：新浪微博
2020 年度发布总次数：共发布 6129 次

新媒体展示

扫码即可观看本条获奖作品的新媒体展示

作品评介

"CGTN 记者团"微博账号以 CGTN 全球报道网为依托，致力于为受众呈现 CGTN 记者采集的第一新闻现场，在一些重大新闻事件及热点话题的报道中积极策划和快速反应。

早啊！新闻来了

作品信息

参评项目及奖次：栏目类二等奖
报送单位：新闻新媒体中心
创办日期：2015年11月9日
发布平台："央视新闻"微信公众号
2020年度发布总次数：共发布365次

新媒体展示

扫码即可观看本条获奖作品的新媒体展示

作品评介

该栏目紧密围绕国际国内重大新闻事件，选题精准、热点突出、报道内容充分，栏目形态新颖，采用"文字+图片+视频"的新闻表现方式，短小精悍，动静结合，传播力强。

康辉说

作品信息

参评项目及奖次：栏目类二等奖
报送单位：视听新媒体中心
创办日期：2019年11月20日
发布平台：央视频
2020年度发布总次数：共发布59次

新媒体展示

扫码即可观看本条获奖作品的新媒体展示

作品评介

《康辉说》系列深耕泛知识垂类，内容丰富，表达生动有趣，制作精良，兼具故事性、趣味性、互动性，弘扬中国传统文化，为社会传递正能量。

全球行动倡议
——2020脱贫

作品信息

参评项目及奖次：国际传播类新闻作品二等奖
报送单位：国际交流局（北美总站）
作品时长：每集2小时
发布平台：CGTN英语新闻频道
首发日期及栏目：2020年12月9日特辟时段

新媒体展示

扫码即可观看本条获奖作品的新媒体展示

作品评介

"全球行动倡议"创新对外传播的新概念、新方式、新渠道，进一步提升中国形象和中国话语的感召力、影响力，使中国话语所蕴含的中国价值引起更多的国际共鸣。

所谓"种族灭绝"没有任何根据
不符合新疆的真实情况

作品信息

参评项目及奖次：国际传播类新闻作品二等奖
报送单位：亚洲非洲地区语言节目中心
作品时长：3分15秒
发布平台：CGTN阿拉伯语频道
首发日期及栏目：2020年9月5日《综合新闻》

新媒体展示

扫码即可观看本条获奖作品的新媒体展示

作品评介

该作品围绕涉疆议题，针对西方舆论对华抹黑与歪曲报道，第一时间采访相关权威人士，对所谓的"新疆自然人口增长急剧下降""种族灭绝""强制绝育"等西方歪曲报道进行了有力驳斥。

种族痼疾：另一个美国

作品信息

参评项目及奖次：国际传播类新闻作品二等奖
报送单位：华语环球节目中心
作品时长：27 分钟
发布平台：中文国际频道
首发日期及栏目：2020 年 11 月 21 日《深度国际》

新媒体展示

扫码即可观看本条获奖作品的新媒体展示

作品评介

该节目直面人权、种族敏感议题，揭批美国所谓"人权卫士"的虚伪和双重标准，用真实典型的故事和案例揭露了美国长期宣称的所谓民主、自由、平等和人权价值"典范"的虚伪。

中国援外抗疫医疗队非洲工作纪实
（25 集）

作品信息

参评项目及奖次：国际传播类新闻作品二等奖
报送单位：英语环球节目中心
作品时长：代表作一：3 分 15 秒；代表作二：2 分 04 秒；
　　　　　代表作三：2 分 19 秒
发布平台：CGTN 英语新闻频道
首发日期及栏目：2020 年 5 月 13 日《Global Watch》

新媒体展示

扫码即可观看本条获奖作品的新媒体展示

作品评介

该系列为中国 2020 年聚焦援外抗疫最具代表性的系列作品，是关于中国援外抗疫最直观、最震撼、最丰富、最强有力的外宣报道作品，也为中国援外抗疫留下了宝贵的视频资料。

CGTN 记者连线全球媒体报道武汉疫情
（89 次）

作品信息

参评项目及奖次：国际传播类新闻作品二等奖
报送单位：英语环球节目中心
作品时长：代表作一：8 分 32 秒；代表作二：3 分 10 秒；
　　　　　代表作三：4 分 19 秒
发布平台：CGTN 英语频道、CGTN 客户端/官网及海外社交平台
首发日期及栏目：2020 年 2 月 5 日印度新德里电视台

新媒体展示

扫码即可观看本条获奖作品的新媒体展示

作品评介

该作品是抗疫期间国际传播领域里的一个独树一帜的节目，在破除谣言、打破西方媒体话语垄断、树立中国在国际社会形象等方面起到了至关重要和不可替代的作用。

十年磨剑，行稳致远
——中欧班列十年
（3 集）

作品信息

参评项目及奖次：国际传播类新闻作品二等奖
报送单位：英语环球节目中心
作品时长：第一集：4 分 25 秒；第二集：3 分 19 秒；
　　　　　第三集：5 分 17 秒
发布平台：《新闻纵贯线》广播，世界各大主流播客
首发日期及栏目：2020 年 12 月 15 日《新闻纵贯线》

新媒体展示

扫码即可观看本条获奖作品的新媒体展示

作品评介

此节目在中欧班列（渝新欧）运行即将十周年之际，向国外受众介绍中欧班列十年的发展变化、疫情期间班列在欧亚大陆运输中的重要作用以及新兴的跨境电商如何借助班列迅速发展。

意大利专家表示中国治疆政策富有智慧　美方政治炒作极其不负责任

作品信息

参评项目及奖次：国际传播类新闻作品二等奖
报送单位：新闻中心
作品时长：2分09秒
发布平台：泰语广播
首发日期及栏目：2020年6月26日泰语广播新闻栏目

新媒体展示

扫码即可观看本条获奖作品的新媒体展示

作品评介

该条报道主要围绕"美国政府将所谓'2020年维吾尔人权政策法案'签署成法"这一事件，寻找新闻真相，有力回击了美国一些政客的不纯动机，有力配合了中国政府的外交斗争。

我的新疆日记
（3集）

作品信息

参评项目及奖次：国际传播类影视纪录作品二等奖
报送单位：欧洲拉美地区语言节目中心
作品时长：每集30分钟
发布平台：CGTN法语频道
首发日期及栏目：2020年12月17日法语特别节目

新媒体展示

扫码即可观看本条获奖作品的新媒体展示

作品评介

《我的新疆日记》角度新颖，细节生动，把读懂新疆放在读懂中国的大主题里，是对世界读懂中国、读懂新疆的一次积极尝试，让地域传播进一步融入大外宣的格局。

《如果国宝会说话》第三季
（5集）

作品信息

参评项目及奖次：国际传播类影视纪录作品二等奖
报送单位：影视剧纪录片中心
作品时长：每集 25 分钟
发布平台：YouTube、"CCTV 纪录" "CCTV 中国中央电视台" CGTN 央视纪录频道
首发日期及栏目：2020 年 6 月 13 日《特别呈现》

新媒体展示

扫码即可观看本条获奖作品的新媒体展示

作品评介

《如果国宝会说话》第三季展现魏晋南北朝和隋唐时期 25 件国宝，继续构建中华文明视频索引。微博话题阅读量 6.1 亿人次，全网播放量近 5000 万次，多次登顶各大播放榜单第一位。百余家媒体积极发布本片相关稿件，形成巨大的传播热潮。

多语种沙画诗歌《你的样子》

作品信息

参评项目及奖次：国际传播类文艺节目二等奖
报送单位：亚洲非洲地区语言节目中心
作品时长：3 分 51 秒
发布平台：老挝国家电视台一频道
首发日期及栏目：2020 年 2 月 25 日《新视点》

新媒体展示

扫码即可观看本条获奖作品的新媒体展示

作品评介

老挝语部原创诗歌《你的样子》以沙画配诗歌的形式呈现了中国人民众志成城抗击疫情、海外友人鼎力相助的场景，表达对海外支持中国的感谢。

英语环球播客系列
（40个栏目）

作品信息

参评项目及奖次：国际传播类融媒体作品二等奖
报送单位：英语环球节目中心
作品时长：代表作一：6分36秒；代表作二：40分18秒；
代表作三：5分30秒
发布平台：苹果、声田、谷歌、亚马逊等主流播客平台、
China Plus 官网
首发日期：2020年1月1日

新媒体展示

扫码即可观看本条获奖作品的新媒体展示

作品评介

《英语环球播客系列》运用播客这一极具互联网传播力的音频形式，结合欧美主流用户特点和音频消费习惯，打造了一系列中国文化、历史、时政主题的播客产品。

中国阿伊莎的脱口秀
（11集）

作品信息

参评项目及奖次：国际传播类融媒体作品二等奖
报送单位：亚洲非洲地区语言节目中心
作品时长：代表作一：11分22秒；代表作二：10分11秒；
代表作三：9分41秒
发布平台：Facebook、YouTube
首发日期：2020年2月4日

新媒体展示

扫码即可观看本条获奖作品的新媒体展示

作品评介

中国阿伊莎网红账号为亚洲非洲地区语言节目中心集中力量打造的流量IP，2020年打造的《中国阿伊莎的脱口秀》系列产品多次出现爆款拳头产品，引发多家海外媒体高度关注，传播效果良好。

巴基斯坦留学生上热搜！
收到习近平主席回信，惊喜到不敢相信！

作品信息

参评项目及奖次：国际传播类融媒体作品二等奖
报送单位：亚洲非洲地区语言节目中心
作品时长：20 分 31 秒
发布平台：Facebook 乌尔都语部主页 FM98 Dosti Channel
首发日期：2020 年 5 月 19 日

新媒体展示

扫码即可观看本条获奖作品的新媒体展示

作品评介

该直播作品新闻性和时效性强，提问设计精妙，环环相扣，层次清晰，生动展现了中国坚持生命至上的价值理念、对所有人一视同仁的大国担当以及中国领导人杰出的人格魅力。

全球大使连线
——疫情期间留学生该注意啥？驻美大使在线支招

作品信息

参评项目及奖次：国际传播类融媒体作品二等奖
报送单位：新闻新媒体中心
作品时长：58 分 45 秒
发布平台：Facebook、Twitter、YouTube
首发日期：2020 年 3 月 19 日

新媒体展示

扫码即可观看本条获奖作品的新媒体展示

作品评介

该直播采用多点视频连线方式，就海外留学生面对的担忧等内容进行实时在线交流，缓解身处海外的留学生和华人华侨的心理焦虑，并通过领事服务帮助他们解决燃眉之急。

外国网红看西藏

作品信息

参评项目及奖次：国际传播类融媒体作品二等奖
报送单位：英语环球节目中心
发布平台：CGTN 客户端 / 官网、CGTN 海内外社交媒体平台
首发日期：2020 年 10 月 23 日

新媒体展示

扫码即可观看本条获奖作品的新媒体展示

作品评介

该专题片首次以两位普通外国网红背包客的视角，深度探访西藏，立体展现了西藏风光、民生、交通、宗教、教育和医疗等多个维度，以及西藏行对他们固有想法的改变，有力回击了外媒编造出的假象和负面舆情。

薇观中国：说说抗疫那些事
（7 集）

作品信息

参评项目及奖次：国际传播类融媒体作品二等奖
报送单位：亚洲非洲地区语言节目中心
作品时长：代表作一：9 分 36 秒；代表作二：9 分钟；
　　　　　代表作三：6 分 28 秒
发布平台：Facebook、YouTube
首发日期：2020 年 3 月 5 日

新媒体展示

扫码即可观看本条获奖作品的新媒体展示

作品评介

作为观点评述类节目，该作品以轻松诙谐的风格、符合互联网传播特点的表现形式，获得了良好的宣传效果，并且让境外观众了解中国文化，有效反驳了针对中国的谣言。

眼见为实！三峡大坝真的要塌了吗

作品信息

参评项目及奖次：国际传播类融媒体作品二等奖
报送单位：亚洲非洲地区语言节目中心
作品时长：代表作一：1分10秒；代表作二：44秒；
代表作三：43秒
发布平台：Twitter
首发日期：2020年7月9日

新媒体展示

扫码即可观看本条获奖作品的新媒体展示

作品评介

该节目报道了三峡大坝的安全性、在泄洪中的作用以及在发电、环保、旅游等领域作出的贡献等，用镜头全面回应了日本媒体的不实报道和谣言。

国宝脱贫记
（4集）

作品信息

参评项目及奖次：国际传播类融媒体作品二等奖
报送单位：欧洲拉美地区语言节目中心
作品时长：代表作一：3分35秒；代表作二：4分07秒；
代表作三：4分09秒
发布平台：CGTN法语频道、微博、Twitter、Facebook、YouTube、央视频等
首发日期：2020年10月16日

新媒体展示

扫码即可观看本条获奖作品的新媒体展示

作品评介

原创动画短视频系列片《国宝脱贫记》向海外讲述了脱贫攻坚的中国故事，彰显了中国的制度优势和大国形象，是"脱贫攻坚"主题报道海外传播的一次成功创新。

新乡土中国
（4集）

作品信息

参评项目及奖次：国际传播类融媒体作品二等奖
报送单位：英语环球节目中心
作品时长：代表作一：9分21秒；代表作二：8分54秒；
代表作三：8分43秒
发布平台：CGTN网站和社交平台、CGTN评论品牌《茶馆论道》全平台账号
首发日期：2020年10月18日

新媒体展示

扫码即可观看本条获奖作品的新媒体展示

作品评介

该系列突破以往对扶贫"政策＋结果"的传统叙事方式，通过亲身体验和调查的方式，把中国的扶贫经验放在国际背景下，来讲述中国的扶贫模式。

十二时客
（12集）

作品信息

参评项目及奖次：国际传播类融媒体作品二等奖
报送单位：央视网
作品时长：代表作一：17分45秒；代表作二：16分13秒；
代表作三：18分22秒
发布平台：央视网
首发日期：2020年6月9日

新媒体展示

扫码即可观看本条获奖作品的新媒体展示

作品评介

该节目将国际视野的观察与文化差异的思考融入中国人日常生活的每个瞬间里，真实可感地展现变化中的中国和时代变局中中国人昂扬乐观创造自我价值的面貌。

变迁中的非洲部落

作品信息

参评项目及奖次：国际传播类融媒体作品二等奖
报送单位：国际交流局（非洲总站）
发布平台：CGTN 官网
首发日期：2020 年 6 月 24 日

新媒体展示

扫码即可观看本条获奖作品的新媒体展示

作品评介

该片全方位、多角度地呈现了原始部落在现代化的冲击下遭遇的文化冲突和生存危机，是非洲总站 2020 年度最成功的融媒体专题类海外传播代表作品。

总台灯光秀亮相哈利法塔喜迎春节

作品信息

参评项目及奖次：国际传播类融媒体作品二等奖
报送单位：国际交流局（中东总站）
作品时长：2 分 02 秒
发布平台：CGTN 阿拉伯语频道
首发日期：2020 年 1 月 25 日

新媒体展示

扫码即可观看本条获奖作品的新媒体展示

作品评介

该灯光秀在哈利法塔的成功亮相，收到了轰动效果，大大提高了中央广播电视总台在阿联酋乃至整个中东地区和全世界的知名度。

今日新疆
（10集）

作品信息

参评项目及奖次：国际传播类融媒体作品二等奖
报送单位：亚洲非洲地区语言节目中心
作品时长：代表作一：6分54秒；代表作二：6分17秒；
代表作三：4分30秒
发布平台：Facebook China Face 主页、国际在线泰文网、
China Face 移动客户端
首发日期：2020年12月7日

新媒体展示

扫码即可观看本条获奖作品的新媒体展示

作品评介

该系列短视频专题报道针对境外负面报道，通过泰籍记者的视角，从多个角度介绍新疆，多方面展示了新疆脱贫成果、巩固工作和新疆人民的真实生活。

国际锐评｜美国疫情防控疑点重重理应接受国际调查

作品信息

参评项目及奖次：国际传播类融媒体作品二等奖
报送单位：新闻新媒体中心
作品字数：1926字
发布平台：总台多语种传播平台、央视新闻客户端、
"国际锐评"微信公众号等
首发日期：2020年5月5日

新媒体展示

扫码即可观看本条获奖作品的新媒体展示

作品评介

面对巨大的国际舆论压力，本文采取"以攻为守"策略，跳过美方设置的话语陷阱，主动出击，反将一军，在国际舆论场扳回一局，赢得主动。

丝路大 V 打卡最新北京

作品信息

参评项目及奖次：国际传播类融媒体作品二等奖
报送单位：国际在线
发布平台：国际在线多语种网站、AP NEWS（美联新闻社）、
　　　　　克罗地亚广播电台等 103 家境外媒体平台
首发日期：2020 年 12 月 7 日

新媒体展示

扫码即可观看本条获奖作品的新媒体展示

作品评介

该专题向世界展示一个全面、立体、真实的北京。作品内容丰富、形式多样，借"外嘴"讲北京故事，彰显了大国首都风范，是讲好中国故事、共塑中国形象的成功实践。

深渊挑战

作品信息

参评项目及奖次：国际传播类融媒体作品二等奖
报送单位：欧洲拉美地区语言节目中心
发布平台：央视新闻、Facebook 等
首发日期：2020 年 11 月 11 日

新媒体展示

扫码即可观看本条获奖作品的新媒体展示

作品评介

作为多语种 H5 互动游戏，该作品以"奋斗者"号全海深载人潜水器突破万米海深这一热点新闻为契机，吸引全球移动端用户一键体验海洋深处梦幻世界。

"2020最美的夜"央视频 & 哔哩哔哩跨年晚会

作品信息

参评项目及奖次：国际传播类融媒体作品二等奖
报送单位：视听新媒体中心
作品时长：6小时15分37秒
发布平台：TVB翡翠台、YouTube、Facebook、Twitter、央视频、哔哩哔哩、学习强国
首发日期：2020年12月31日

新媒体展示

扫码即可观看本条获奖作品的新媒体展示

作品评介

央视频与哔哩哔哩联合推出"2020最美的夜"跨年晚会，此次合作成为主流媒体与商业网站融合互动的一次标志性探索，实现了流量、口碑双丰收，并获得了海外年轻人的广泛好评。

纪录片《同心战"疫"》
（德语版，6集）

作品信息

参评项目及奖次：国际传播类翻译作品二等奖
报送单位：欧洲拉美地区语言节目中心
作品时长：代表作一：54分20秒；代表作二：55分05秒；代表作三：54分16秒
发布平台：德语部各平台（网站、Facebook、客户端）
首发日期：2020年9月6日

新媒体展示

扫码即可观看本条获奖作品的新媒体展示

作品评介

《同心战"疫"》德语版翻译团队在译作中很好地把握"信、达、雅"的翻译原则，并且为了配合纪录片的表现形式，对纪实部分的翻译也恰如其分地生活化，更好地拉近了与受众的距离。

真相放大镜

作品信息

参评项目及奖次：国际传播类栏目二等奖
报送单位：英语环球节目中心
发布平台：CGTN 客户端 / 官网、CGTN 海内外社交媒体平台
创办日期：2019 年 8 月 17 日
2020 年度发布总次数：共发布 92 次

新媒体展示

扫码即可观看本条获奖作品的新媒体展示

作品评介

《真相放大镜》通过 24 小时监看海外主流平台舆论焦点，精准议题设置，发布内容从针对海外谣言、抹黑，进行针锋相对的批驳反击，逐步过渡到主动设置议题，对全球热点话题进行调查式的梳理和新媒体方式的呈现，旨在打造国际领先事实核查类新闻栏目，以客观数据、实际案例、专业解读式"硬核"回答，肩负起肃清谣言、还原真相、引导国际舆论的重要责任，打造注重针对性、互动性的外宣传播品牌。

"锋"向标

作品信息

参评项目及奖次：国际传播类栏目二等奖
报送单位：国际交流局（欧洲总站）
栏目时长：30 分钟
发布平台：CGTN 英语新闻频道、CGTN 客户端 / 官网、Facebook、YouTube、Instagram 播客、Apple TV、Roku、Android TV、Fire TV、Dailymotion
创办日期：2019 年 10 月 13 日
刊播周期：周播

新媒体展示

扫码即可观看本条获奖作品的新媒体展示

作品评介

作为欧洲总站着力打造的国际传播精品栏目，该作品引领国际传播话题，讲述中国科技故事，以全球视野、本土化制作报道世界科技前沿，传播科技助力人类命运共同体建设这一理念。

"脱贫攻坚 全面小康"主题公益广告《小羊快跑》

作品信息

参评项目及奖次：公益广告类二等奖
报送单位：总经理室
作品时长：10分02秒
发布平台：央视全频道
首发日期及栏目：2020年12月5日广告时段

新媒体展示

扫码即可观看本条获奖作品的新媒体展示

作品评介

该作品以一个孩子的纯真视角讲述脱贫攻坚取得的成果，创意新颖，清新爽快，充满童趣，在脱贫攻坚主旋律宣传中脱颖而出。

中央广播电视总台"品牌强国工程"宣传片

作品信息

参评项目及奖次：公益广告类二等奖
报送单位：总经理室
作品时长：1分20秒
发布平台：央视全频道
首发日期及栏目：2020年11月17日《朝闻天下》

新媒体展示

扫码即可观看本条获奖作品的新媒体展示

作品评介

该宣传片紧扣时代背景，以大鸟飞翔、搏击长空为创意点，用恢宏的画面和音乐，展示了在疫情之下，总台"品牌强国工程"携手中国优秀品牌，直面挑战，迎难而上，发挥引领作用，提振市场信心，助推经济发展的辉煌历程。

《赞歌》系列公益广告
（4篇）

作品信息

参评项目及奖次：公益广告类二等奖
报送单位：总经理室
作品时长：代表作一：2分30秒；代表作二：1分30秒；
代表作三：1分30秒
发布平台：央视全频道
首发日期及栏目：2020年12月25日广告时段

新媒体展示

扫码即可观看本条获奖作品的新媒体展示

作品评介

《赞歌》系列公益广告策划站位高、主题鲜明，真正体现了公益广告的政治性、艺术性、思想性和观赏性，是宣传我国脱贫攻坚伟大奇迹的精品佳作。

环球资讯抗击疫情系列主题宣传片之
《国际人士点赞中国贡献》

作品信息

参评项目及奖次：公益广告类二等奖
报送单位：新闻中心
作品时长：1分10秒
发布平台：环球资讯广播
首发日期及栏目：2020年3月19日《第一资讯》

新媒体展示

扫码即可观看本条获奖作品的新媒体展示

作品评介

在抗击疫情的关键时刻，该宣传片的播出鼓舞人心、提振士气。作品巧妙借用"外嘴"，展现我国在国际抗疫中的智慧力量和大国担当，进一步增进国民的自豪感和爱国情。

消除绝对贫困：世界减贫史上的中国奇迹

作品信息

参评项目及奖次：公益广告类二等奖
报送单位：英语环球节目中心
作品时长：8分钟
发布平台："CGTN 记者团"微博
首发日期：2020 年 12 月 14 日

新媒体展示

扫码即可观看本条获奖作品的新媒体展示

作品评介

该公益广告作为重大外交时政活动的宣传作品，在弘扬主旋律的同时，运用国际话语，做到有温度、有细节、有深度地讲好中国脱贫攻坚故事。

大山里的三兄妹

作品信息

参评项目及奖次：公益广告类二等奖
报送单位：亚洲非洲地区语言节目中心
作品时长：4 分 31 秒
发布平台：CGTN 官网
首发日期：2020 年 12 月 20 日

新媒体展示

扫码即可观看本条获奖作品的新媒体展示

作品评介

该视频通过手绘动画的方式，选择以真实故事为背景的教育扶贫典型案例，凝练出中国扶贫举措中的人性关怀，体现中国通过教育为全球脱贫作出的努力和贡献。

非洲驻华使团参访国药集团
点赞中国新冠疫苗

作品信息

参评项目及奖次：新闻类消息三等奖
报送单位：欧洲拉美地区语言节目中心
作品时长：3 分 04 秒
发布平台：CGTN 法语频道
首发日期及栏目：2020 年 10 月 16 日《新闻 60 分》

新媒体展示

扫码即可观看本条获奖作品的新媒体展示

作品评介

该报道彰显了中国在全球抗疫过程中所起到的重要作用，引发海内外观众的强烈共鸣。作品第一时间向世界传达中国声音，让第三世界国家看到希望，体现了中国的大国担当。

巴西证实中国新冠疫苗安全有效

作品信息

参评项目及奖次：新闻类消息三等奖
报送单位：国际交流局（拉美总站）
作品时长：2 分 23 秒
发布平台：新闻频道
首发日期及栏目：2020 年 12 月 25 日《朝闻天下》

新媒体展示

扫码即可观看本条获奖作品的新媒体展示

作品评介

总站记者克服疫情肆虐的压力和困难，赶往巴西布坦坦研究所召开的发布会，直击过程，完成报道。该报道用事实说话，彰显了中国对国际防疫斗争所起到的重要作用。

跨过山和大海　中欧班列变身钢铁驼队

作品信息

参评项目及奖次：新闻类消息三等奖
报送单位：国际交流局（亚欧总站）
作品时长：4 分 10 秒
发布平台：新闻频道
首发日期及栏目：2020 年 10 月 2 日《新闻直播间》

新媒体展示

扫码即可观看本条获奖作品的新媒体展示

作品评介

该作品展现出中国对全球各国复工复产、提振经济起到的示范作用，以及中欧班列不仅有利于班列沿线国家，更惠及全球经济复苏和发展的意义。

美国　美警察暴力执法导致黑人男子死亡　抗议示威不停　局势紧张

作品信息

参评项目及奖次：新闻类消息三等奖
报送单位：国际交流局（北美总站）
作品时长：2 分 56 秒
发布平台：新闻频道
首发日期及栏目：2020 年 5 月 30 日《新闻直播间》

新媒体展示

扫码即可观看本条获奖作品的新媒体展示

作品评介

该节目通过一手采访揭露了美国的人权问题，在报道和观察中充分展现了中国视角和立场，是驻外报道中将各个新闻要素相结合的较好案例，收获了良好的传播效果。

全球抗疫进行时　毛里求斯女医生：重洋虽远　真情难阻

作品信息

参评项目及奖次：新闻类消息三等奖
报送单位：国际交流局（非洲总站）
作品时长：4分58秒
发布平台：新闻频道
首发日期及栏目：2020年4月24日《国际时讯》

新媒体展示

扫码即可观看本条获奖作品的新媒体展示

作品评介

该片为非洲总站于2020年4月拍摄制作的"战疫情"系列报道中的一条新闻特写，突显中国和非洲国家、中非人民在新冠肺炎疫情期间守望相助、不离不弃的团结大爱。

中国援塞医疗队抵达　受到最高礼遇迎接

作品信息

参评项目及奖次：新闻类消息三等奖
报送单位：国际交流局（欧洲总站）
作品时长：2分38秒
发布平台：新闻频道
首发日期及栏目：2020年3月22日《朝闻天下》

新媒体展示

扫码即可观看本条获奖作品的新媒体展示

作品评介

该报道把中国以实际行动帮助他国挽救生命、推动构建人类命运共同体的真诚愿望浓缩进一条新闻报道中，把积极履行国际义务的大国担当展现得恰到好处。

湖南岳阳各地"以船代仓""以车代仓"为抢险救灾赢得宝贵时间

作品信息

参评项目及奖次：新闻类消息三等奖
报送单位：人事局（湖南总站）
作品时长：3分27秒
发布平台：中国之声
首发日期及栏目：2020年7月15日《新闻纵横》

新媒体展示

扫码即可观看本条获奖作品的新媒体展示

作品评介

该报道详细介绍了2020年湖南洞庭湖区抗洪的创新举措，采访深入，背景交代精炼清晰，报道既有细节描写，又不乏宏观叙述。作品音响丰富，现场感强，具有良好的可听性。

京雄城际铁路全线开通运营 70余项智能化设计彰显中国智慧

作品信息

参评项目及奖次：新闻类消息三等奖
报送单位：人事局（河北总站）
作品时长：2分59秒
发布平台：中国之声
首发日期及栏目：2020年12月28日《新闻和报纸摘要》

新媒体展示

扫码即可观看本条获奖作品的新媒体展示

作品评介

该报道让中国高铁这张中国名片更加响亮，同时也提高了民众的民族自信心、增强了民众的民族自豪感，是一篇有速度、有深度、有广度的好消息。

澳大利亚研究报告发现　网络水军有组织地散播新冠病毒为"人为制造"的阴谋论

作品信息

参评项目及奖次：新闻类消息三等奖
报送单位：新闻中心
作品时长：4 分 15 秒
发布平台：环球资讯广播
首发日期及栏目：2020 年 6 月 13 日《第一资讯》

新媒体展示

扫码即可观看本条获奖作品的新媒体展示

作品评介

该稿件内容丰富，条理清晰，逻辑清楚，层层分析递进，立场表达鲜明。作品有力地揭露了新冠病毒为"人为制造"的阴谋论，获得了良好的传播效果。

黎巴嫩首都贝鲁特港口区发生剧烈爆炸造成数十人死亡三千多人受伤

作品信息

参评项目及奖次：新闻类消息三等奖
报送单位：新闻中心
作品时长：3 分 03 秒
发布平台：环球资讯广播
首发日期及栏目：2020 年 8 月 5 日《直播世界》

新媒体展示

扫码即可观看本条获奖作品的新媒体展示

作品评介

黎巴嫩首都贝鲁特港口区发生剧烈爆炸，造成重大人员伤亡。记者通过与主播的电话连线，把有效信息在第一时间传达给了听众，作品充分发挥了广播节目短平快的特点。

向观察：关闭领馆　中美冲突再升级

作品信息

参评项目及奖次：新闻类评论三等奖
报送单位：欧洲拉美地区语言节目中心
作品时长：3 分 12 秒
发布平台：CGTN 俄语频道
首发日期及栏目：2020 年 7 月 24 日《综合新闻》

新媒体展示

扫码即可观看本条获奖作品的新媒体展示

作品评介

该评论在中美舆论斗争达到白热化的关键时刻推出。评论通过摆事实，讲道理，及时传达我方立场，有力剖析并驳斥了美国为缓解国内选情压力，不惜违反国际法，向中国发起政治挑衅的恶劣行径。

中央经济工作会议闭幕　如何勾勒未来发展蓝图

作品信息

参评项目及奖次：新闻类评论三等奖
报送单位：新闻中心
作品时长：13 分 59 秒
发布平台：中国之声
首发日期及栏目：2020 年 12 月 19 日《新闻纵横》

新媒体展示

扫码即可观看本条获奖作品的新媒体展示

作品评介

该篇评论围绕中央经济工作会议这一重要窗口，通过对多位专家的采访进行深入评析，立意高远、气势宏大、分析透彻、点评中肯，是一篇大气磅礴、内容厚重的新闻评论作品。

一场比赛：女足世界杯中意之战

作品信息

参评项目及奖次：新闻类专题三等奖
报送单位：体育青少节目中心
作品时长：44 分 52 秒
发布平台：体育频道
首发日期及栏目：2020 年 2 月 14 日《一场比赛》

新媒体展示

扫码即可观看本条获奖作品的新媒体展示

作品评介

该专题节目的制作和播出，对于中国女足内部以及外界都有特殊的意义，对于中国女足此后奥运备战计划的制订以及球员的选择都产生了深远的影响。

中国游泳改写男女 4×100 米混合泳接力世界纪录

作品信息

参评项目及奖次：新闻类专题三等奖
报送单位：体育青少节目中心
作品时长：4 分 02 秒
发布平台：体育频道
首发日期及栏目：2020 年 10 月 2 日《体坛快讯》

新媒体展示

扫码即可观看本条获奖作品的新媒体展示

作品评介

该新闻聚焦重大新闻事件，记录了 2020 年全国游泳冠军赛的破纪录过程。该报道专题制作准备充分，拍摄记录完整，采访真挚感人，具有较高的新闻价值。

科兴疫苗今日启程发往土耳其

作品信息

参评项目及奖次：新闻类专题三等奖
报送单位：亚洲非洲地区语言节目中心
作品时长：3分09秒
发布平台：土耳其伊赫拉斯通讯社及土耳其55家电视台
　　　　　转载播出
首发日期及栏目：2020年12月28日《国际在线》土耳
　　　　　其文网视频专栏

新媒体展示

扫码即可观看本条获奖作品的新媒体展示

作品评介

该视频新闻时效性强，及时回应了舆论关注，产生了较好的传播效果。外籍记者探访疫苗生产线，展现了中国科技企业的良好形象，进一步增强了土耳其民众对中国产疫苗的信心。

穆罕默德：学有所得，创业奔小康

作品信息

参评项目及奖次：新闻类专题三等奖
报送单位：亚洲非洲地区语言节目中心
作品时长：15分54秒
发布平台：CGTN阿拉伯语频道
首发日期及栏目：2020年12月20日《综合新闻》

新媒体展示

扫码即可观看本条获奖作品的新媒体展示

作品评介

该新闻客观真实地反映了新疆和田地区结业学员通过学习之后的心态以及生活的巨大变化，反映了学员结业后生活质量的显著提高，展现了新疆地区民众欣欣向荣的生活。

对话中东欧：中国—中东欧国家合作
（上下集）

作品信息

参评项目及奖次：新闻类专题三等奖
报送单位：欧洲拉美地区语言节目中心
作品时长：每集 30 分钟
发布平台：CGTN 法语频道
首发日期及栏目：2020 年 7 月 30 日《对话》（法）

新媒体展示

扫码即可观看本条获奖作品的新媒体展示

作品评介

该节目充分利用多语种平台，长短视频结合，是疫情之下电视媒体与互联网新媒体融合发展的重要代表作品之一。作品积极宣传了中国与中东欧国家的深厚友谊与合作成果，在中东欧国家引发热议。

王万才："逆袭"的庄稼汉
（上下集）

作品信息

参评项目及奖次：新闻类专题三等奖
报送单位：人事局（河南总站）
作品时长：上集：5 分 33 秒；下集：7 分 48 秒
发布平台：新闻频道
首发日期及栏目：2020 年 7 月 12 日《24 小时·遇见你》

新媒体展示

扫码即可观看本条获奖作品的新媒体展示

作品评介

该片是决战决胜脱贫攻坚的典型题材。立意精准，主题鲜明。既展示了脱贫攻坚工作的难度，也展现了党员干部脱贫攻坚实际工作的温度和扶持的力度。该片以王万才的精彩故事生动展示出我国精准扶贫的丰硕成果。

小康在哪里：再访"江村"寻味乡土

作品信息

参评项目及奖次：新闻类专题三等奖
报送单位：人事局（江苏总站）
作品时长：8分05秒
发布平台：综合频道
首发日期及栏目：2020年10月2日《晚间新闻》

新媒体展示

扫码即可观看本条获奖作品的新媒体展示

作品评介

该报道聚焦小康主题，融入了《江村经济》的原文，以诗情和历史感串联起江村的发展。稿件完成度高，逻辑清晰，同时借用了电影化的视听语言，具有一定思辨性和创新性。

我更坚定了自己的选择

作品信息

参评项目及奖次：新闻类专题三等奖
报送单位：新闻中心
作品时长：6分15秒
发布平台：中国之声
首发日期及栏目：2020年10月2日《新闻纵横》

新媒体展示

扫码即可观看本条获奖作品的新媒体展示

作品评介

该作品立意高远，以小见大，生动还原了习近平总书记讲话中所说的故事，也紧扣习近平总书记讲话全篇主旨，以小护士的故事凸显成千上万中国女性在抗击新冠肺炎疫情中的担当与奉献。

总书记的回信激励着我们

作品信息

参评项目及奖次：新闻类专题三等奖
报送单位：民族语言节目中心
作品时长：13 分 13 秒
发布平台：维吾尔语广播
首发日期及栏目：2020 年 1 月 10 日《行进中国》

新媒体展示

扫码即可观看本条获奖作品的新媒体展示

作品评介

该作品以习近平总书记回信勉励库尔班大叔后人为主题，充分体现了党对新疆各族人民的温暖关怀，充分表现出今日新疆各族人民安居乐业、共同繁荣发展的良好局面。

一场乔迁宴引发的风波

作品信息

参评项目及奖次：新闻类专题三等奖
报送单位：人事局（陕西总站）
作品时长：10 分 40 秒
发布平台：中国之声
首发日期及栏目：2020 年 1 月 22 日《新闻纵横》

新媒体展示

扫码即可观看本条获奖作品的新媒体展示

作品评介

该报道展现了村组干部、村民思想交锋、各自心路历程，生动反映了脱贫攻坚大背景下陕西安康新民风建设（党中央国务院高度肯定安康"诚孝俭勤和"的探索）的基层实践。

黄锡璆：从小汤山到火神山，我的心愿是为老百姓建设更多更好的医院

作品信息

参评项目及奖次：新闻类专题三等奖
报送单位：亚洲非洲地区语言节目中心
作品时长：8 分 33 秒
发布平台：印尼语广播
首发日期及栏目：2020 年 2 月 28 日《中国视点》

新媒体展示

扫码即可观看本条获奖作品的新媒体展示

作品评介

该专题围绕时政热点，选取关键人物，通过对其专访解析中国速度背后的故事，体现了包括火神山建设者在内的一线抗疫人员忘我无私的风貌，以及中国和印尼民众之间的友好情谊。

2020 国家医保药品目录调整工作完成
（6 集）

作品信息

参评项目及奖次：新闻类系列（连续、组合）报道三等奖
报送单位：新闻中心
作品时长：代表作一：3 分 30 秒；代表作二：2 分 05 秒；
　　　　　代表作三：1 分 31 秒
发布平台：新闻频道
首发日期及栏目：2020 年 12 月 29 日《朝闻天下》

新媒体展示

扫码即可观看本条获奖作品的新媒体展示

作品评介

该报道将医保单位代表人民和医药企业谈判的场景真实展现在观众面前，通过真实生动的现场实录，回应社会广泛关切，观众共鸣感强烈，传播效果突出。

复工复产调研行
（34 集）

作品信息

参评项目及奖次：新闻类系列（连续、组合）报道三等奖
报送单位：新闻中心
作品时长：代表作一：3 分 07 秒；代表作二：3 分 10 秒；
　　　　　代表作三：4 分 05 秒
发布平台：新闻频道
首发日期及栏目：2020 年 3 月 18 日《新闻直播间》

新媒体展示

扫码即可观看本条获奖作品的新媒体展示

作品评介

该报道是新闻中心自主策划的战疫情特别节目中的一部优秀作品，这组报道既吃透了中央的精神，也摸熟了基层的情况。该系列报道故事生动、细节鲜活，播出后在社会上引起强烈反响。

创业板注册制改革
（21 集）

作品信息

参评项目及奖次：新闻类系列（连续、组合）报道三等奖
报送单位：财经节目中心
作品时长：代表作一：2 分 16 秒；代表作二：2 分 04 秒；
　　　　　代表作三：1 分 55 秒
发布平台：财经频道
首发日期及栏目：2020 年 8 月 24 日《正点财经》

新媒体展示

扫码即可观看本条获奖作品的新媒体展示

作品评介

该轮对创业板注册制改革的新闻报道在社会各界引发热烈讨论，让投资者了解政策细则，为决策者推行落实政策，为资本市场改革营造了良好的舆论氛围。

国际订单回"巢"
（8集）

作品信息

参评项目及奖次：新闻类系列（连续、组合）报道三等奖
报送单位：财经节目中心
作品时长：代表作一：2分22秒；代表作二：2分43秒；
　　　　　代表作三：3分钟
发布平台：财经频道
首发日期及栏目：2020年10月27日《经济信息联播》

新媒体展示

扫码即可观看本条获奖作品的新媒体展示

作品评介

该报道向观众展示了外贸订单热背后的一本经济账，整组报道新闻性强、案例鲜活、电视化表达丰富，在客观理性展现产业发展现状的同时，具有很强的现实指导意义。

熔喷布市场调查
（3集）

作品信息

参评项目及奖次：新闻类系列（连续、组合）报道三等奖
报送单位：财经节目中心
作品时长：代表作一：2分12秒；代表作二：2分16秒；
　　　　　代表作三：2分12秒
发布平台：财经频道
首发日期及栏目：2020年3月9日《经济信息联播》

新媒体展示

扫码即可观看本条获奖作品的新媒体展示

作品评介

该节目在"口罩原材料短缺"这一热点事件中，通过理性的分析和客观的展现，给当时的国内口罩市场传递了正确的信号，稳定了市场的预期，也带来了积极的社会效果。

住房租赁市场观察
（4集）

作品信息

参评项目及奖次：新闻类系列（连续、组合）报道三等奖
报送单位：财经节目中心
作品时长：代表作一：3分04秒；代表作二：2分20秒；
　　　　　代表作三：1分48秒
发布平台：财经频道
首发日期及栏目：2020年11月6日《第一时间》

新媒体展示

扫码即可观看本条获奖作品的新媒体展示

作品评介

该作品以专业视角观察长租公寓行业的现状及问题，以理性的报道引导了社会的关注焦点，回应了社会公众关切。

信心与举措
（6集）

作品信息

参评项目及奖次：新闻类系列（连续、组合）报道三等奖
报送单位：欧洲拉美地区语言节目中心
作品时长：代表作一：4分59秒；代表作二：4分37秒；
　　　　　代表作三：5分20秒
发布平台：CGTN法语频道
首发日期及栏目：2020年8月31日《综合新闻》

新媒体展示

扫码即可观看本条获奖作品的新媒体展示

作品评介

该报道介绍中国有关举措对外资外企在华开展业务的积极影响，展现中国坚定不移的具体行动，阐明面对疫情冲击中国率先实现复苏对稳定全球经济的贡献和作用。

全球战"疫" 华人在行动
（48期）

作品信息

参评项目及奖次：新闻类系列（连续、组合）报道三等奖
报送单位：华语环球节目中心
作品时长：代表作一：10分47秒；代表作二：10分24秒；
代表作三：9分30秒
发布平台：中文国际频道
首发日期及栏目：2020年3月31日《中国新闻》

新媒体展示

扫码即可观看本条获奖作品的新媒体展示

作品评介

该节目以国际化视野讲述世界民众抗疫故事，倾听华人心声，搭建发声平台，凝聚全球华人抗疫力量，着力报道互助抗疫、中国援外抗疫等消息，充分凸显人类健康命运共同体理念。

精通榫卯工艺 "阿木爷爷"王德文
（3集）

作品信息

参评项目及奖次：新闻类系列（连续、组合）报道三等奖
报送单位：人事局（广西总站）
作品时长：第一集：5分04秒；第二集：4分22秒；
第三集：1分23秒
发布平台：新闻频道
首发日期及栏目：2020年8月2日《24小时·遇见你》

新媒体展示

扫码即可观看本条获奖作品的新媒体展示

作品评介

该节目采访了精通榫卯工艺的"阿木爷爷"王德文，设计精细，抓住亮点，播出效果良好，实现了大小屏互动传播，得到社会广泛认可，让传统手艺重新走进了大众视野。

三等奖·新闻类

香港国安法系列反响报道
（53 集）

作品信息

参评项目及奖次：新闻类系列（连续、组合）报道三等奖
报送单位：国际交流局（亚太总站）
作品时长：代表作一：2 分 24 秒；代表作二：2 分 58 秒；
　　　　　代表作三：2 分 23 秒
发布平台：综合频道
首发日期及栏目：2020 年 5 月 22 日《新闻联播》

新媒体展示

扫码即可观看本条获奖作品的新媒体展示

作品评介

国际交流局亚太总站围绕香港国安法推出特别报道，充分发挥全媒体报道优势，实现在港澳主流媒体全覆盖，形成内外夹攻的传播合力，扩大了传播矩阵和社会影响力。

美国疫情系列报道《生死之间》
（9 集）

作品信息

参评项目及奖次：新闻类系列（连续、组合）报道三等奖
报送单位：国际交流局（北美总站）
作品时长：代表作一：5 分 04 秒；代表作二：4 分 10 秒；
　　　　　代表作三：6 分 08 秒
发布平台：CGTN 英语新闻频道
首发日期及栏目：2020 年 5 月 6 日《今日世界》

新媒体展示

扫码即可观看本条获奖作品的新媒体展示

作品评介

该系列报道故事感人、角度深刻，揭示了美国政府抗疫不力、民众深受其害的现实，对美国政府体制、公共卫生系统缺陷进行了深刻的反思。

239

中国小镇
（10集）

作品信息

参评项目及奖次：新闻类系列（连续、组合）报道三等奖
报送单位：新闻中心
作品时长：代表作一：10分16秒；代表作二：9分11秒；
代表作三：8分38秒
发布平台：中国之声
首发日期及栏目：2020年10月26日《新闻纵横》

新媒体展示

扫码即可观看本条获奖作品的新媒体展示

作品评介

该系列报道聚焦全国的十个小镇，既反映它们在"十三五"期间形成区域发展的强大动能，同时又展现了在新形势下，构建国内国际双循环新发展格局的新探索。

烽火·家书
（20集）

作品信息

参评项目及奖次：新闻类系列（连续、组合）报道三等奖
报送单位：文艺节目中心
作品时长：代表作一：11分44秒；代表作二：12分13秒；
代表作三：16分24秒
发布平台：文艺之声
首发日期及栏目：2020年8月15日《文化聊吧》

新媒体展示

扫码即可观看本条获奖作品的新媒体展示

作品评介

该系列节目沉浸式讲述了中国人民的抗战历史，艺术化地再现英雄人物的家国情怀，让听众了解大时代背景下的中国共产党领导全民抗战的真实历史，以此弘扬中华民族伟大的抗战精神。

山中青年
（6篇）

作品信息

参评项目及奖次：新闻类系列（连续、组合）报道三等奖
报送单位：人事局（浙江总站）
作品时长：代表作一：9分15秒；代表作二：6分13秒；
　　　　　代表作三：7分56秒
发布平台：中国之声
首发日期及栏目：2020年8月10日《新闻纵横》

新媒体展示

扫码即可观看本条获奖作品的新媒体展示

作品评介

该系列采用大主题、小切口的表现手法，挖掘践行"两山理念"的优秀"山中青年"，记录了这些年轻人在山中从事创新性事业的事迹。作品故事性强、形式新颖、音响丰富，文笔优秀，传播广、效果好，是对"两山理念"的生动诠释。

谁知盘中餐
（8集）

作品信息

参评项目及奖次：新闻类系列（连续、组合）报道三等奖
报送单位：人事局（黑龙江总站）
作品时长：代表作一：10分38秒；代表作二：8分14秒；
　　　　　代表作三：7分34秒
发布平台：中国之声
首发日期及栏目：2020年8月24日《新闻纵横》

新媒体展示

扫码即可观看本条获奖作品的新媒体展示

作品评介

该系列报道立意深、手法巧，通过8路记者深入基层一线、对于劳动者生动鲜活的采访叙述，体现出"厉行节约、杜绝浪费"的积极主题。

2020年终报道・重返抗疫现场
（12集）

作品信息

参评项目及奖次：新闻类系列（连续、组合）报道三等奖
报送单位：新闻中心
作品时长：代表作一：8分15秒；代表作二：9分52秒；
代表作三：7分04秒
发布平台：环球资讯广播
首发日期及栏目：2020年12月20日《第一资讯》《直播世界》

新媒体展示

扫码即可观看本条获奖作品的新媒体展示

作品评介

该报道接近性强，着力突出抗疫的中国元素，以真实事例向国际社会传递了抗疫的"中国担当"，描摹出"全球抗疫进行时"宏大背景下的多维图景。

中古建交60周年特别节目：
中古友谊——历久弥新
（3集）

作品信息

参评项目及奖次：新闻类系列（连续、组合）报道三等奖
报送单位：欧洲拉美地区语言节目中心
作品时长：每集40分钟
发布平台：西班牙语广播
首发日期及栏目：2020年9月28日《一千零一页》

新媒体展示

扫码即可观看本条获奖作品的新媒体展示

作品评介

该节目内容全面、音响丰富、可听性强，以对两国外交人员、民间友好人士、中古合作参与者的采访，全方位、多角度地讲述了中古60年同舟共济的情谊以及相向而行的精神内核。

三等奖·新闻类

病毒是什么

作品信息

参评项目及奖次：新闻类访谈节目三等奖
报送单位：社教节目中心
作品时长：30 分钟
发布平台：科教频道
首发日期及栏目：2020 年 4 月 27 日《认识病毒，科学防控》

新媒体展示

扫码即可观看本条获奖作品的新媒体展示

作品评介

该系列节目形象生动地讲述人类千方百计迎战病毒的故事，体现了服务大局、服务观众的宗旨，体现了主流媒体在关键时刻的战斗力和引领力。

两会在线　对话大检察官
——专访：最高人民检察院党组副书记 副检察长　童建明

作品信息

参评项目及奖次：新闻类访谈节目三等奖
报送单位：社教节目中心
作品时长：7 分 40 秒
发布平台：社会与法频道
首发日期及栏目：2020 年 5 月 27 日《热线 12》

新媒体展示

扫码即可观看本条获奖作品的新媒体展示

作品评介

该节目围绕最高人民检察院工作报告的重点与亮点，对检察亮点工作进行深度解读，全面、深刻地向广大公众阐释了检察理念，营造了良好的社会舆论氛围。

疫情下的粮食安全

作品信息

参评项目及奖次：新闻类访谈节目三等奖
报送单位：农业农村节目中心
作品时长：34 分 57 秒
发布平台：农业农村频道
首发日期及栏目：2020 年 4 月 3 日《乡村振兴资讯》

新媒体展示

扫码即可观看本条获奖作品的新媒体展示

作品评介

该节目紧跟新冠肺炎疫情引发的"粮食危机"论，邀请业内权威专家，就中国粮食安全问题进行分析和解读，把握了社会热点，是疫情期间电视节目中的精品佳作。

"九二共识"清晰化 震慑"台独"

作品信息

参评项目及奖次：新闻类访谈节目三等奖
报送单位：华语环球节目中心
作品时长：26 分钟
发布平台：中文国际频道
首发日期及栏目：2020 年 4 月 25 日《海峡两岸》

新媒体展示

扫码即可观看本条获奖作品的新媒体展示

作品评介

该节目清晰阐释"九二共识"，对于正确认识当前的台海形势意义重大，同时也是驳斥"台独"谬论的重要手段。作品紧扣两岸关系大势，时效性强，传播效果显著。

梁振英：坚持"揼石仔"，为香港的未来开路

作品信息

参评项目及奖次：新闻类访谈节目三等奖
报送单位：港澳台节目中心
作品时长：14 分 47 秒
发布平台：粤港澳大湾区之声
首发日期及栏目：2020 年 5 月 21 日《港清楚》

新媒体展示

扫码即可观看本条获奖作品的新媒体展示

作品评介

该采访围绕香港面临的困难、挑战和未来发展前景等热点话题进行了深入探讨，让大家看清了社会乱象下香港反对派的险恶用心，激励人们起而行之，为香港的明天共同努力。

驳斥自由亚洲电台对武汉柬埔寨留学生的不实报道

作品信息

参评项目及奖次：新闻类访谈节目三等奖
报送单位：亚洲非洲地区语言节目中心
作品时长：58 分 43 秒
发布平台：中柬友谊台
首发日期及栏目：2020 年 2 月 3 日《中柬双行线》

新媒体展示

扫码即可观看本条获奖作品的新媒体展示

作品评介

该访谈节目及时有效地批驳了自由亚洲电台的涉华不实报道，用当事人的亲身经历澄清事实，是对柬友好传播、反击反华媒体舆论战的一次胜利。

《嫦娥揽月》特别节目

作品信息

参评项目及奖次：新闻类新闻现场直播三等奖
报送单位：新闻中心
作品时长：2 小时 14 分 59 秒
发布平台：新闻频道
首发日期及栏目：2020 年 12 月 17 日《午夜新闻》

新媒体展示

扫码即可观看本条获奖作品的新媒体展示

作品评介

该作品的特别节目编排、设计均体现了极强的专业水准，并兼顾趣味性和科普性，吸引了大量观众持续关注，充分宣传了此次任务的重要意义，在这个不平凡的一年更加提振士气。

第七批在韩中国人民志愿军烈士遗骸回国

作品信息

参评项目及奖次：新闻类新闻现场直播三等奖
报送单位：人事局（辽宁总站）
作品时长：2 小时 26 分
发布平台：综合频道
首发日期及栏目：2020 年 9 月 27 日特辟时段

新媒体展示

扫码即可观看本条获奖作品的新媒体展示

作品评介

该报道全程直播了"第七批在韩志愿军烈士遗骸回国"这一重大新闻事件，呈现出高水准的报道效果，极大鼓舞了全国人民传承伟大的抗美援朝精神的信心与力量。

2020年9月11日《国际时讯》特别编排《"9·11"事件19周年：被搅乱的中东》

作品信息

参评项目及奖次：新闻类新闻节目编排三等奖
报送单位：新闻中心
作品时长：19分钟
发布平台：新闻频道
首发日期及栏目：2020年9月11日《国际时讯》

新媒体展示

扫码即可观看本条获奖作品的新媒体展示

作品评介

该节目用生动例证揭批美国的强权思维和虚伪本质，从另一个侧面对美国干预我国内政进行有力回击，是对我国外交的有力支持，发挥了主流媒体在舆论斗争中应有的关键作用。

2020年9月15日《财经时间》

作品信息

参评项目及奖次：新闻类新闻节目编排三等奖
报送单位：欧洲拉美地区语言节目中心
作品时长：30分钟
发布平台：CGTN法语频道
首发日期及栏目：2020年9月15日《财经时间》（法）

新媒体展示

扫码即可观看本条获奖作品的新媒体展示

作品评介

该节目以中国视角关注世界经济动态，第一时间表达中方观点立场。节目主题集中、形式新颖、编排合理、转换流畅，实现了法语新闻品牌节目的创新创优。

2020年12月30日《环球直播间》

作品信息

参评项目及奖次：新闻类新闻节目编排三等奖
报送单位：新闻中心
作品时长：44分钟
发布平台：环球资讯广播
首发日期及栏目：2020年12月30日《环球直播间》

新媒体展示

扫码即可观看本条获奖作品的新媒体展示

作品评介

该节目在编排上从国际视角出发，重点报道严峻的全球疫情形势，特别关注各国普通民众生活，音响丰富、视角独特，展现出中国为全球抗疫提供助力、注入信心的大国责任和担当。

感动中国（2019年度人物颁奖盛典、情满香江）

作品信息

参评项目及奖次：新闻类大型节目三等奖
报送单位：新闻中心
作品时长：上集：1小时51分58秒；下集：52分28秒
发布平台：上集：综合频道；下集：CCTV-4
首发日期及栏目：上集：2020年5月17日特辟时段；
　　　　　　　　下集：2020年7月4日特辟时段

新媒体展示

扫码即可观看本条获奖作品的新媒体展示

《情满香江》

作品评介

感动中国2019年颁奖盛典秉承"平凡铸就伟大，英雄来自人民"的核心主题，节目采访深入，内容感人，制作精良，真实记录了2019年中国大地上为国为民作出巨大牺牲和奉献的十位楷模人物和团体。除常规颁奖盛典节目外，还制作了特别节目《感动中国·情满香江》。节目聚焦香港，纪录了在"黑暴"势力乱港期间挺身而出的香港警察和爱国爱港人士群像。

直播黄河
（13集）

📄 作品信息

参评项目及奖次：新闻类大型节目三等奖
报送单位：新闻中心
作品时长：代表作一：1小时14分40秒；代表作二：55分；
　　　　　代表作三：1小时04分22秒
发布平台：新闻频道
首发日期及栏目：2020年9月18日《新闻直播间》

▶ 新媒体展示

扫码即可观看本条获奖作品的新媒体展示

💬 作品评介

该节目表现了中华民族母亲河黄河奔腾不息、勇往直前的磅礴气势，把习近平总书记的重要讲话精神用大型直播报道的方式进行全方位、大范围、无间隙的立体传播。

2020年3·15晚会

📄 作品信息

参评项目及奖次：新闻类大型节目三等奖
报送单位：财经节目中心
作品时长：1小时56分41秒
发布平台：财经频道
首发日期及栏目：2020年7月16日特辟时段

▶ 新媒体展示

扫码即可观看本条获奖作品的新媒体展示

💬 作品评介

该晚会以"凝聚力量　共筑美好"为主题，在维护消费者合法权益、维护市场公平竞争的同时，展现了疫情时期的新消费、新变化，给消费者以信心和希望。

2020 央视财经论坛
（3集）

作品信息

参评项目及奖次：新闻类大型节目三等奖
报送单位：财经节目中心
作品时长：第一集：49分47秒；第二集：35分43秒；
第三集：35分41秒
发布平台：财经频道
首发日期及栏目：2020年12月13日《对话》

新媒体展示

扫码即可观看本条获奖作品的新媒体展示

作品评介

该论坛聚焦了实体经济与金融体系之间多层次的连接与互动，提振了中国经济信心，充分体现了中央广播电视总台作为国家级媒体平台的价值引领和舆论导向责任。

金色索玛花
（20集）

作品信息

参评项目及奖次：影视纪录类电视剧三等奖
报送单位：影视剧纪录片中心
作品时长：代表作一：45分24秒；代表作二：41分31秒；
代表作三：43分56秒
发布平台：综合频道
首发日期及栏目：2020年12月18日特辟时段

新媒体展示

扫码即可观看本条获奖作品的新媒体展示

作品评介

该片以在全国具有典型性的凉山彝族自治州为样本，展现解决人类贫困问题的"中国方案"，以现实主义手法引领观众思考脱贫攻坚背后的历史价值，实现了生活真实与艺术真实、思想高度和人文温度的统一。

勇气与荣耀

作品信息

参评项目及奖次：影视纪录类纪录片三等奖
报送单位：体育青少节目中心
作品时长：1 小时 59 分 10 秒
发布平台：体育频道
首发日期及栏目：2020 年 8 月 23 日《冠军欧洲》

新媒体展示

扫码即可观看本条获奖作品的新媒体展示

作品评介

该片以冠亚军球队利物浦和托特纳姆热刺的晋级历程为线索，以大量场内场外的细节还原了一个跌宕起伏的赛季，文字洗练浑厚，剪辑独具匠心，配音充满感染力，是栏目组赛季结束的收官之作，也是足球电视节目中质量上乘、难得一见的佳作。

福州古厝
（3 集）

作品信息

参评项目及奖次：影视纪录类纪录片三等奖
报送单位：社教节目中心
作品时长：第一集：38 分 15 秒；第二集：38 分 17 秒；
　　　　　第三集：38 分 14 秒
发布平台：科教频道
首发日期及栏目：2020 年 11 月 9 日《探索·发现》

新媒体展示

扫码即可观看本条获奖作品的新媒体展示

作品评介

该片用文化遗产保护的地方范本讲述了文化传承的中国故事，传达出中国人珍视文化遗产、传承中华文明以及留存根脉、赢得未来的信心和决心，彰显了中华优秀传统文化在新时代焕发出的勃勃生机。

国庆节有味道·丰收中国
（10集）

作品信息

参评项目及奖次：影视纪录类纪录片三等奖
报送单位：社教节目中心
作品时长：代表作一：45分钟；代表作二：45分钟；
　　　　　代表作三：45分钟
发布平台：科教频道
首发日期及栏目：2020年10月1日《味道》

新媒体展示

扫码即可观看本条获奖作品的新媒体展示

作品评介

该片以"丰收"为主题，记录了多个民族的人民尊重自然、获取美食的智慧，运用"纪实性+体验"的纪录片创作手法，以独特的视角、接地气的叙事和有温度的表达方式，全面展示决战脱贫攻坚、决胜全面小康的成果。

藏着的武林
（6集）

作品信息

参评项目及奖次：影视纪录类纪录片三等奖
报送单位：影视剧纪录片中心
作品时长：代表作一：49分27秒；代表作二：49分26秒；
　　　　　代表作三：49分28秒
发布平台：纪录频道
首发日期及栏目：2020年12月21日《特别呈现》

新媒体展示

扫码即可观看本条获奖作品的新媒体展示

作品评介

该片制作风格独特，特点鲜明。创作者用第一视角深入探访武林，用第一人称带领观众走近主人公，语言平实、冷静，态度理性、真诚，集观赏性和知识性于一体，是一部关于中国传统武术难得而全面的科普之作。

文学的故乡
（7集）

作品信息

参评项目及奖次：影视纪录类纪录片三等奖
报送单位：影视剧纪录片中心
作品时长：每集50分钟
发布平台：纪录频道
首发日期及栏目：2020年7月20日《特别呈现》

新媒体展示

扫码即可观看本条获奖作品的新媒体展示

作品评介

该片讲述了六位著名作家回故乡的故事，展示了每位作家独特的人生轨迹，呈现了作家创造文学故乡的心理图景。该片在影视语言上成熟和朴实，为文学爱好者带来一场视听盛宴，也推动了大众对于文学的关注。

社火中国年
（7集）

作品信息

参评项目及奖次：影视纪录类纪录片三等奖
报送单位：农业农村节目中心
作品时长：代表作一：49分50秒；代表作二：49分24秒；
　　　　　代表作三：49分54秒
发布平台：农业农村频道
首发日期及栏目：2020年1月25日特辟时段

新媒体展示

扫码即可观看本条获奖作品的新媒体展示

作品评介

该片在浓浓的年味中挖掘传统节日背后的文化内涵，重点展现新时代新农村的新面貌，讲述了老百姓对幸福生活的追求以及积极向上的精神风貌，在节目播出期间取得了社会广泛关注和好评。

联合国 75 年

作品信息

参评项目及奖次：影视纪录类纪录片三等奖
报送单位：英语环球节目中心
作品时长：59 分 49 秒
发布平台：CGTN 英语新闻频道
首发日期及栏目：2020 年 9 月 27 日特辟时段

新媒体展示

扫码即可观看本条获奖作品的新媒体展示

作品评介

该片从历史和现实两个维度介绍了联合国的架构，回顾了联合国 75 年来为世界和平、人类发展和人权进步所作出的贡献，充分阐述和表达了中国立场，展现了中国支持联合国，为世界和平与发展作出的突出贡献。

生死之间

作品信息

参评项目及奖次：影视纪录类纪录片三等奖
报送单位：英语环球节目中心
作品时长：30 分 57 秒
发布平台：CGTN 英语新闻频道
首发日期及栏目：2020 年 4 月 5 日《亚洲观察》
（Assignment Asia）

新媒体展示

扫码即可观看本条获奖作品的新媒体展示

作品评介

该片以生动的镜头语言和冷静却不失人文关怀的表述方式，记录了中国人民有血有肉的抗疫形象。片中平凡的抗疫英雄守望相助、生死与共，让中国人民的伟大抗疫精神跃然其上。

爱上功夫
（3集）

作品信息

参评项目及奖次：影视纪录类纪录片三等奖
报送单位：亚洲非洲地区语言节目中心
作品时长：第一集：12分26秒；第二集：12分14秒；
　　　　　第三集：11分28秒
发布平台：CGTN阿拉伯语频道
首发日期及栏目：2020年6月17日《中国文艺》

新媒体展示

扫码即可观看本条获奖作品的新媒体展示

作品评介

　　该节目以活动比赛为主线，画面优美，内容紧凑丰富，制作精良，情节引人入胜，介绍了土耳其功夫爱好者参加功夫比赛并取得来华访问资格的历程，讲述了土耳其功夫爱好者在中国武校和少林寺体验功夫文化、以武会友的经历，展现了中国功夫在海内外的强大影响力。

云梯上的守望
——元阳县脱贫观察

作品信息

参评项目及奖次：影视纪录类纪录片三等奖
报送单位：亚洲非洲地区语言节目中心
作品时长：52分钟
发布平台：CGTN阿拉伯语频道
首发日期及栏目：2020年10月17日特辟时段

新媒体展示

扫码即可观看本条获奖作品的新媒体展示

作品评介

　　该片围绕"决战决胜脱贫攻坚"这一主题，使用纪实且富有诗意的拍摄方式，展现了云南哀牢山脉深处元阳县哈尼族人因地制宜的精准扶贫故事，唤起更多人对扶贫事业的关注。

非洲人在少林

作品信息

参评项目及奖次：影视纪录类纪录片三等奖
报送单位：欧洲拉美地区语言节目中心
作品时长：51分22秒
发布平台：CGTN法语频道
首发日期及栏目：2020年9月29日法语特别节目

新媒体展示

扫码即可观看本条获奖作品的新媒体展示

作品评介

该片以新颖的中非文化交流项目为载体，讲述了非洲武术爱好者在少林寺的研修故事，搭建起中非民间沟通和理解的桥梁，向世界展示了中国五千年的绚烂文化。

贺兰芳醇
——探访宁夏葡萄酒的奥秘

作品信息

参评项目及奖次：影视纪录类纪录片三等奖
报送单位：欧洲拉美地区语言节目中心
作品时长：14分52秒
发布平台：CGTN法语频道
首发日期及栏目：2020年10月1日《综合新闻》

新媒体展示

扫码即可观看本条获奖作品的新媒体展示

作品评介

该片全面展现了中国葡萄酒产业蕴藏的巨大潜力和中国实施因地制宜精准脱贫、创新思路产业扶贫取得的累累硕果，是一次传播好感、增进友谊、讲好中国故事的有益尝试。

下一站太空

作品信息

参评项目及奖次：影视纪录类纪录片三等奖
报送单位：欧洲拉美地区语言节目中心
作品时长：14 分 22 秒
发布平台：CGTN 法语频道
首发日期及栏目：2020 年 7 月 22 日《综合新闻》

新媒体展示

扫码即可观看本条获奖作品的新媒体展示

作品评介

该片通过外籍记者的视角，把目光聚焦在新一代 80 后、90 后航天工作者，展现中国航天事业不断取得新突破的蓬勃气象，回应了海内外观众对中国航天事业的关切，为中国航天事业的良性发展营造了有利的国际舆论氛围。

中俄合拍纪录片《摆脱贫困实录》
（4 集）

作品信息

参评项目及奖次：影视纪录类纪录片三等奖
报送单位：欧洲拉美地区语言节目中心
作品时长：代表作一：26 分 27 秒；
　　　　　代表作二：27 分 03 秒；
　　　　　代表作三：27 分 33 秒
发布平台：俄罗斯 RT 电视台俄文纪录片频道
首发日期及栏目：2020 年 11 月 9 日特辟时段

新媒体展示

扫码即可观看本条获奖作品的新媒体展示

作品评介

该片以俄罗斯记者的第三方视角融入国际话语语境，向海内外受众介绍中国的扶贫政策、扶贫经验和扶贫故事，全面展示了当地百姓致富脱贫、昂首阔步建设美丽乡村的景象，在海内外掀起了关于中国脱贫成就的讨论热潮。

全球疫情系列纪录片
（13集）

📋 作品信息

参评项目及奖次：影视纪录类纪录片三等奖
报送单位：国际交流局（北美总站）
作品时长：代表作一：49分47秒；代表作二：57分06秒；
　　　　　代表作三：55分16秒
发布平台：CGTN英语新闻频道
首发日期及栏目：2020年4月9日 *Big Story*

💬 作品评介

该片全景式记录了疫情大流行及各国抗疫的应对措施，浓缩了中国抗击疫情各阶段的经历。作品记录了国际观众对武汉人民抗疫点滴的讲述，展现了中国的坚强与信心、温情与关爱、担当与责任。

▶ 新媒体展示

扫码即可观看本条获奖作品的新媒体展示

燃·青年
（3集）

📋 作品信息

参评项目及奖次：影视纪录类纪录片三等奖
报送单位：中国国际电视总公司
作品时长：第一集：5分15秒；第二集：5分30秒；
　　　　　第三集：5分钟
发布平台：中视国际长城精品频道
首发日期及栏目：2020年12月9日《长城WE视频》

▶ 新媒体展示

扫码即可观看本条获奖作品的新媒体展示

💬 作品评介

青年，是世界了解中国的一个窗口。4K超高清系列微纪录片《燃·青年》站位国际传播，以当下中国富有时代色彩和气息的青年人为视觉担当，记录他们为实现内心梦想而勇于付诸行动，且不畏艰辛、乐观自信、富有创意的人生故事。

我们在一起
——中意携手 同心抗"疫"

作品信息

参评项目及奖次：影视纪录类纪录片三等奖
报送单位：中国国际电视总公司
作品时长：26分30秒
发布平台：中文国际频道
首发日期及栏目：2020年5月17日《中国缘》

新媒体展示

扫码即可观看本条获奖作品的新媒体展示

作品评介

该片以2020年新冠肺炎疫情在意大利及全世界蔓延为时间线，以中意两国互助为内容，记录灾情笼罩下振奋且温暖人心的瞬间，反映中国作为负责任大国的担当，传递打造"健康丝绸之路"、共建人类命运共同体的正能量。

中国的宝藏
（6集）

作品信息

参评项目及奖次：影视纪录类纪录片三等奖
报送单位：中国国际电视总公司
作品时长：代表作一：23分07秒；代表作二：23分08秒；
　　　　　代表作三：23分09秒
发布平台：纪录频道
首发日期及栏目：2020年1月10日《特别呈现》

新媒体展示

扫码即可观看本条获奖作品的新媒体展示

作品评介

该片以国际视角切入，既展现了中国文化瑰宝的风采，又塑造了具有深厚文化底蕴和正面健康、蓬勃向上、繁荣发展的国家形象，向国内外观众呈现了一个既传统又现代的中国。

承诺
（5集）

作品信息

参评项目及奖次：影视纪录类纪录片三等奖
报送单位：中央新闻纪录电影制片厂（集团）
作品时长：代表作一：49分29秒；代表作二：49分30秒；
　　　　　代表作三：49分29秒
发布平台：纪录频道
首发日期及栏目：2020年12月11日《特别呈现》

新媒体展示

扫码即可观看本条获奖作品的新媒体展示

作品评介

该节目组深入贫困地区贫困村庄，记录了我国脱贫攻坚的艰辛历程，对扶贫脱贫这一主题形成多角度的立体表达，以丰富的细节和精良的制作获得社会的广泛关注和积极反响，是一部优秀的"中国故事，国际传播"作品。

与祖国同庆
（上下集）

作品信息

参评项目及奖次：影视纪录类纪录片三等奖
报送单位：中央新闻纪录电影制片厂（集团）
作品时长：第一集：45分钟；第二集：45分钟
发布平台：中文国际频道
首发日期及栏目：2020年5月5日特辟时段

新媒体展示

扫码即可观看本条获奖作品的新媒体展示

作品评介

该片通过大气磅礴的画面和细腻入心的故事，描绘出国庆70周年联欢活动既盛大又感人的绚丽图景，极大地激发了亿万中华儿女的爱国热情。

中阿双语抗疫说唱歌曲《选择》

作品信息

参评项目及奖次：文艺类文艺专题三等奖
报送单位：亚洲非洲地区语言节目中心
作品时长：5 分 07 秒
发布平台：埃及国家回声电视台
首发日期及栏目：2020 年 7 月 4 日特辟时段

新媒体展示

扫码即可观看本条获奖作品的新媒体展示

作品评介

中阿双语抗疫说唱歌曲选题紧扣时事，形式新颖，在兼顾文艺性和娱乐性的同时，增进了境外观众对中国社会的了解，正面宣传了中国政府的抗疫举措，在国际社会树立了良好的中国形象。

2020 年鼠年春节特别节目《"鼠"你最精彩》

作品信息

参评项目及奖次：文艺类文艺专题三等奖
报送单位：欧洲拉美地区语言节目中心
作品时长：1 小时 30 分
发布平台：CGTN 西班牙语频道
首发日期及栏目：2020 年 1 月 24 日特辟时段

新媒体展示

扫码即可观看本条获奖作品的新媒体展示

作品评介

该节目包装精美，内容丰富生动、独创性强，风格贴近海外受众，向世界展现了真实、立体、全面的中国，在广大西语观众和网友中获得较大关注和好评，提升了国家文化软实力和中华文化影响力。

《二十四节气歌》第一季
（14集）

作品信息

参评项目及奖次：文艺类文艺专题三等奖
报送单位：文艺节目中心
作品时长：代表作一：6分42秒；代表作二：6分19秒；
代表作三：6分56秒
发布平台：音乐之声
首发日期及栏目：2020年6月5日特辟时段

新媒体展示

扫码即可观看本条获奖作品的新媒体展示

作品评介

该作品篇幅短小精悍，制作精良，以精巧创意与嘉宾知名度增添可听性与影响力，把富有中国特色的审美哲思通过广播语言生动呈现，展现出中国人智慧勤劳、积极乐观、心怀天地的格局与追求美好生活的向往，获得了良好的社会传播效果。

2020年五一劳动节特别文艺
《献给白衣天使的歌曲》

作品信息

参评项目及奖次：文艺类文艺专题三等奖
报送单位：民族语言节目中心
作品时长：59分49秒
发布平台：民族之声
首发日期及栏目：2020年5月1日《声动民族风》

新媒体展示

扫码即可观看本条获奖作品的新媒体展示

作品评介

该节目通过群众喜闻乐见的文艺形式唱响充满正能量的新时代赞歌，体现了守望相助、众志成城的抗疫精神。节目弘扬了中国力量，充满人性关怀，体现了权威媒体的艺术水准和责任担当。

红太阳照边疆
——唱响各民族团结发展主旋律

作品信息

参评项目及奖次：文艺类文艺专题三等奖
报送单位：民族语言节目中心
作品时长：8 分 11 秒
发布平台：民族之声
首发日期及栏目：2020 年 11 月 30 日《知书达理》

新媒体展示

扫码即可观看本条获奖作品的新媒体展示

作品评介

该作品通过回顾红色经典，再现了党的十八大以来，吉林延边各族群众奋力决战脱贫攻坚、实现所有贫困县全部脱贫摘帽的奋斗风采，抒发了边疆人民对壮丽山河的热爱、对美好幸福生活的赞颂，起到了良好的传播效果。

连成一家 2020

作品信息

参评项目及奖次：文艺类文艺专题三等奖
报送单位：港澳台节目中心
作品时长：13 分 21 秒
发布平台：香港之声
首发日期及栏目：2020 年 12 月 31 日《民歌风尚》

新媒体展示

扫码即可观看本条获奖作品的新媒体展示

作品评介

该作品通过对参与《2021 新年音乐会——扬帆远航大湾区》晚会录制人员的采访，充分呈现了音乐会的精彩。节目充满正能量，层次丰富，表达真挚，内容精彩生动，从侧面展现了澳门回归祖国 21 周年的美好景象。

你的歌
——守护抗疫天使的台湾音乐治疗师

作品信息

参评项目及奖次：文艺类文艺专题三等奖
报送单位：港澳台节目中心
作品时长：8 分 05 秒
发布平台：中华之声
首发日期及栏目：2020 年 3 月 1 日《艺文两厅苑》

新媒体展示

扫码即可观看本条获奖作品的新媒体展示

作品评介

该节目记录了中央音乐学院台湾教师陈洛婷与她的学生，在疫情期间通过网络开启面向医护人员及其家人的音乐治疗与陪伴的故事，呈现了生动立体的医护人员形象，更突显了两岸民众间血浓于水的骨肉亲情。

小说连播《草房子》
（85集）

作品信息

参评项目及奖次：文艺类文艺专题三等奖
报送单位：亚洲非洲地区语言节目中心
作品时长：每集 10 分钟
发布平台：越南语无线广播
首发日期及栏目：2020 年 6 月 16 日《小说连播》

新媒体展示

扫码即可观看本条获奖作品的新媒体展示

作品评介

为了更好地讲好中国故事，越南语部与中国作家曹文轩的《草房子》越南语版本出版方合作，通过播音员充满表现力的播音技巧和饱满的情感表达将该书录制为越南语版小说，使中国知名作家的优秀作品能为更多越南受众熟知。

2020年11月29日《正大综艺·动物来啦》

作品信息

参评项目及奖次：文艺类综艺节目三等奖
报送单位：总编室
作品时长：50分钟
发布平台：综合频道
首发日期及栏目：2020年11月29日《正大综艺·动物来啦》

新媒体展示

扫码即可观看本条获奖作品的新媒体展示

作品评介

《正大综艺·动物来啦》以"关爱自然，展现大美中国生态文化"为宗旨，关注野生动物和生态保护领域，以中国本土珍稀动物为切入点，走遍绿水青山，展现各地生态建设优秀成果和风土人文，挖掘人与自然和谐互动的好故事，全面、立体、生动、形象地展示"可爱的中国"，赢得较高的关注度和良好口碑。

大幕开启
——骑兵

作品信息

参评项目及奖次：文艺类综艺节目三等奖
报送单位：文艺节目中心
作品时长：1小时
发布平台：综艺频道
首发日期及栏目：2020年11月8日《大幕开启》

新媒体展示

扫码即可观看本条获奖作品的新媒体展示

作品评介

作为中国舞台艺术历史上首部以骑兵为题材的大型原创民族舞剧，该节目讲述了在解放战争中内蒙古骑兵战士为建立新中国和民族解放而战的故事。节目通过营造沉浸式的观感体验，最大限度地将舞台艺术的感染力和冲击力传达给观众，并承担起了传播真善美、传递正能量、弘扬主流价值观的媒体责任。

衣尚中国
（11集）

作品信息

参评项目及奖次：文艺类综艺节目三等奖
报送单位：文艺节目中心
作品时长：代表作一：1小时02分12秒；
代表作二：1小时26秒；
代表作三：57分29秒
发布平台：综艺频道
首发日期及栏目：2020年11月7日特辟时段

新媒体展示

扫码即可观看本条获奖作品的新媒体展示

作品评介

该作品深耕垂直领域，以服饰为题，聚焦服饰之美，从社会思想、民生经济、审美变迁等角度诠释了服饰文化中的中国美学精神，获得了国内外网友的好评和点赞，是一部讲述中国故事的代表作品。

《走在回家的路上》之涂松岩

作品信息

参评项目及奖次：文艺类综艺节目三等奖
报送单位：文艺节目中心
作品时长：1小时15分58秒
发布平台：综艺频道
首发日期及栏目：2020年11月8日特辟时段

新媒体展示

扫码即可观看本条获奖作品的新媒体展示

作品评介

该作品以"不忘初心"为核心主题，与12位文化艺术界名人展开"回家之旅"，探讨奋斗的意义，找寻梦想的初心，以综艺节目传递人文价值，给观众尤其是年轻人带来更多画面外的思考。

2020 赢在博物馆
（9 集）

作品信息

参评项目及奖次：文艺类综艺节目三等奖
报送单位：体育青少节目中心
作品时长：每集 51 分钟
发布平台：少儿频道
首发日期及栏目：2020 年 1 月 25 日特辟时段

新媒体展示

扫码即可观看本条获奖作品的新媒体展示

作品评介

该作品以青少年的独特视角和屏幕语言展示了辉煌浩瀚的华夏文明，内容生动，样式新颖，在普及历史文化常识的同时，帮助孩子树立正确的历史观、培养民族自信和文化自信。

乐龄唱响·全国老年合唱大赛
（11 期）

作品信息

参评项目及奖次：文艺类综艺节目三等奖
报送单位：社教节目中心
作品时长：代表作一：54 分钟；代表作二：1 小时 21 分；
　　　　　代表作三：1 小时 21 分
发布平台：综合频道
首发日期及栏目：2020 年 6 月 21 日《乐龄唱响·全国老年合唱大赛》

新媒体展示

扫码即可观看本条获奖作品的新媒体展示

作品评介

作为国内首档以聚焦老年群体为创作核心的纯素人节目，《乐龄唱响》以跨越代际的叙事方式展示了中国老人"金色夕阳"价值，也对助力"尊老、敬老、爱老、助老"的社会新风尚、积极面对中国人口老龄化起到了推动和引领作用。

《中国文艺·向经典致敬》第六季
（36集）

作品信息

参评项目及奖次：文艺类综艺节目三等奖
报送单位：华语环球节目中心
作品时长：每集58分钟
发布平台：中文国际频道
首发日期及栏目：2020年1月4日《中国文艺》

新媒体展示

扫码即可观看本条获奖作品的新媒体展示

作品评介

该作品以多种形式挖掘创作经典幕后的故事，向经典的文艺作品和德高望重的艺术家们致敬，既传递了民族艺术的力量，也对中国古典名著的传承发扬起到了重要的推动作用。

感恩的"花"

作品信息

参评项目及奖次：文艺类广播剧三等奖
报送单位：民族语言节目中心
作品时长：39分58秒
发布平台：哈萨克语广播
首发日期及栏目：2020年8月14日《行进中国》

新媒体展示

扫码即可观看本条获奖作品的新媒体展示

作品评介

该作品赞美了广大医护人员的奉献精神，播出时正值疫情时期，达到了安定人心、振奋精神的良好传播效果，完美演绎了"平凡铸就伟大，英雄来自人民，每个人都了不起"的时代最强音。

猫城记
（20集）

作品信息

参评项目及奖次：文艺类广播剧三等奖
报送单位：华语环球节目中心
作品时长：代表作一：19分09秒；代表作二：21分21秒；
　　　　　代表作三：22分16秒
发布平台：华语环球广播
首发日期及栏目：2020年12月10日《闽南之音》

新媒体展示

扫码即可观看本条获奖作品的新媒体展示

作品评介

由老舍科幻小说改编的20集广播剧《猫城记》，以闽南语向海外华人传递中国文化内涵和文学作品理念，给受众带来一场沉浸式的中华文化体验。其创新的传播方式、清晰的定位以及新媒体平台的运用让中国故事传得更远、更广。

2020春节戏曲晚会

作品信息

参评项目及奖次：文艺类演出活动三等奖
报送单位：文艺节目中心
作品时长：3小时20分15秒
发布平台：戏曲频道
首发日期及栏目：2020年1月25日特辟时段

新媒体展示

扫码即可观看本条获奖作品的新媒体展示

作品评介

《2020春节戏曲晚会》深入挖掘戏曲艺术的新时代内涵，以优秀剧目和戏曲名家为核心，凝练新媒体话题，围绕分会场的年俗、年味，突出戏曲剧种的无限张力和乡音乡情，营造喜气洋洋的春节氛围，深化中华优秀传统文化的新时代表达，展现了新时代新风貌新气象。

2020 东西南北贺新春

作品信息

参评项目及奖次：文艺类演出活动三等奖
报送单位：文艺节目中心
作品时长：4 小时 42 分
发布平台：综艺频道
首发日期及栏目：2020 年 1 月 23 日特辟时段

新媒体展示

扫码即可观看本条获奖作品的新媒体展示

作品评介

该节目以习近平总书记系列重要讲话精神为指导，以"东西南北贺新春，扬帆奋进新时代"为主题，通过一系列突出年风年俗、表达家国梦想的节目，集中展示了东西南北贺新春的热烈景象，反映了我国各个领域取得的巨大成就和全国各族人民的幸福感、获得感。

2020 合唱春晚

作品信息

参评项目及奖次：文艺类演出活动三等奖
报送单位：文艺节目中心
作品时长：3 小时 30 分
发布平台：音乐频道
首发日期及栏目：2020 年 1 月 24 日《合唱先锋》

新媒体展示

扫码即可观看本条获奖作品的新媒体展示

作品评介

《2020 合唱春晚》以"幸福中国"为主题，用歌曲记录全国各族人民创造美好生活的奋斗历程，将浓厚的家国情怀通过音乐传达给观众，体现了新中国成立 70 年来经济、科技、文化等多方面的巨变以及厚积薄发、开放包容的精神。

2020"我们的中国梦"文化进万家
——"心连心"慰问演出·四川喜德

作品信息

参评项目及奖次：文艺类演出活动三等奖
报送单位：文艺节目中心
作品时长：1 小时 30 分
发布平台：综合频道
首发日期及栏目：2020 年 10 月 7 日特辟时段

新媒体展示

扫码即可观看本条获奖作品的新媒体展示

作品评介

该节目牢牢紧扣 2020 年全面建成小康社会、决战脱贫攻坚的重要时间节点，以丰富多彩的文艺形式讲述了奋战在喜德脱贫一线的典型人物和感人事迹，坚定了对脱贫摘帽的必胜决心和担当作为，真正做到了用文艺助力脱贫攻坚、讴歌伟大新时代。

《天使礼赞》5·12 慰问医护工作者特别节目

作品信息

参评项目及奖次：文艺类演出活动三等奖
报送单位：文艺节目中心
作品时长：1 小时 43 分
发布平台：综艺频道
首发日期及栏目：2020 年 5 月 12 日特辟时段

新媒体展示

扫码即可观看本条获奖作品的新媒体展示

作品评介

作为在国际护士节推出的特别节目，《天使礼赞》守正创新，制作精良，结构新颖不落俗套，以多种艺术表现形式记录时代脉搏，凝练感人至深的动人瞬间，打造了有高度、有品质、有情感、有情怀、有温度的抗疫史诗。

中国梦·祖国颂
——2020国庆特别节目

作品信息

参评项目及奖次：文艺类演出活动三等奖
报送单位：文艺节目中心
作品时长：1小时28分
发布平台：综合频道
首发日期及栏目：2020年9月30日特辟时段

新媒体展示

扫码即可观看本条获奖作品的新媒体展示

作品评介

该节目紧贴2020年特殊的时代背景，礼赞在抗击疫情、抗洪抢险等一切困难最前线英勇奋战的中国人民，讴歌决战决胜脱贫攻坚的伟大胜利，唱响携手奔小康的幸福生活，获得了各大媒体平台和观众网友的积极反响。

哈佛医学院的这篇论文更像是针对北京的舆论攻击武器

作品信息

参评项目及奖次：融媒体类文字评论三等奖
报送单位：国际在线
作品字数：1772字
发布平台：国际在线手机站
首发日期：2020年6月15日

新媒体展示

扫码即可观看本条获奖作品的新媒体展示

作品评介

该篇为批驳哈佛大学医学院在DASH平台发布新冠病毒2019年秋季就在中国传播的荒谬结论而作，评论主题针对性强，观点鲜明，批驳有力，是一次对中国舆论攻击的有力回应。

史蒂夫·班农：蛊惑人心的当代政客

作品信息

参评项目及奖次：融媒体类文字评论三等奖
报送单位：英语环球节目中心
作品字数：734 字
发布平台：CGTN 网站及海外社交平台
首发日期：2020 年 5 月 3 日

新媒体展示

扫码即可观看本条获奖作品的新媒体展示

作品评介

该评论对班农反华言论第一时间进行了驳斥，文章语言犀利，找准了西方痛点，赤裸裸地揭露了美国政客的反华战术和套路，对西方抹黑行径进行了有力反击，具有"狠、准、快"的特点。

一场伟大的胜利　创造人类减贫史奇迹

作品信息

参评项目及奖次：融媒体类文字评论三等奖
报送单位：人事局（宁夏总站）
作品字数：1175 字
发布平台：央广网
首发日期：2020 年 12 月 4 日

新媒体展示

扫码即可观看本条获奖作品的新媒体展示

作品评介

该评论作品笔法老到自然，以"大开大合"的方式对我国脱贫攻坚取得的伟大胜利进行了有力论述，从理论高度论证了这场胜利在人类减贫史上的重要意义。该评论大而不空、有理有节，是一篇优秀的评论性文章。

全球战疫财经观察

作品信息

参评项目及奖次：融媒体类网络专题三等奖
报送单位：财经节目中心
发布平台："央视财经"微博
首发日期：2020年3月21日

新媒体展示

扫码即可观看本条获奖作品的新媒体展示

作品评介

该系列报道聚焦疫情影响下剧烈动荡的全球资本市场，运用财经观察员点评的方式，配以可视化表现形式，将专业财经内容转化为通俗化表达，受到了市场投资人士和网友的广泛关注，形成了收视期待，增加了用户黏性，提升了央视财经在专业领域的品牌影响力。

"大剧看总台——中央广播电视总台2021年电视剧片单发布活动"融媒体报道

作品信息

参评项目及奖次：融媒体类网络专题三等奖
报送单位：影视剧纪录片中心
发布平台：央视频
首发日期：2020年11月23日

新媒体展示

扫码即可观看本条获奖作品的新媒体展示

作品评介

该报道以央视频为首发平台，深入挖掘并充分整合调度相关渠道、资源，运用多种新媒体产品，有规划、有节奏地释放总台首次电视剧片单发布活动及片目信息，主动做好议程设置和热度发酵，充分体现了中央广播电视总台影视剧高质量发展的思路和成果，取得传播效果和社会影响力双丰收。

同行抗"疫"
——北京疫情观察
（7集）

📄 作品信息

参评项目及奖次：融媒体类网络专题三等奖
报送单位：亚洲非洲地区语言节目中心
发布平台：YouTube CGTN Arabic 账号、Facebook
　　　　　主持人 Lana 账号、YouTube 账号
首发日期：2020 年 1 月 28 日

▶ 新媒体展示

扫码即可观看本条获奖作品的新媒体展示

💬 作品评介

该系列报道风格统一、制作精良，以生活在北京的普通百姓视角客观、真实地记录了疫情从蔓延到得到有效控制全过程的北京社会状况，获得境外用户的广泛共情，积极有效地回击了西方媒体对中国的谣言。

"中拉关系新起点" 云展览 H5 专题

📄 作品信息

参评项目及奖次：融媒体类网络专题三等奖
报送单位：欧洲拉美地区语言节目中心
发布平台：国际在线
首发日期：2020 年 12 月 10 日

▶ 新媒体展示

扫码即可观看本条获奖作品的新媒体展示

💬 作品评介

该专题形式新颖，内容丰富，通过各类融媒体产品讲述了中拉 60 年来的合作与发展，全面而生动地展现了中拉关系的发展成果，取得了良好的传播效果。

方圆近百里仅此一户,守护着母亲河之源

作品信息

参评项目及奖次:融媒体类网络专题三等奖
报送单位:人事局(青海总站)
发布平台:"中央广电总台中国之声"微信公众号
首发日期:2020年9月9日

新媒体展示

扫码即可观看本条获奖作品的新媒体展示

作品评介

记者克服高寒缺氧等恶劣条件,深入一线扎实采访,生动、细致、全面地展示了黄河源头的保护成就,并巧妙融入民族特色,通过丰富的视频、图片、音频等形式,多角度展示了黄河源头的壮丽景色和保护成就,引人入胜。

中国方案
——如何实现全面小康

作品信息

参评项目及奖次:融媒体类网络专题三等奖
报送单位:欧洲拉美地区语言节目中心
发布平台:CGTN俄语频道官网
首发日期:2020年10月1日

新媒体展示

扫码即可观看本条获奖作品的新媒体展示

作品评介

该专题内容充实丰富,主题鲜明突出,报道形式全面,表现手法多样,专题页面设计新颖,全面展示了脱贫攻坚的中国行动,具有较好的舆论引导和社会效果。

华声一笔
（8集）

作品信息

参评项目及奖次：融媒体类网络专题三等奖
报送单位：华语环球节目中心
发布平台：国际在线
首发日期：2020年5月21日

新媒体展示

扫码即可观看本条获奖作品的新媒体展示

作品评介

该网络专题紧紧围绕"一国两制"中国智慧，对两会中涉港澳台及中美关系等华人圈热点话题制作图文评论，以巧妙的报道方式有针对性地引导舆论热点，具有很强的可读性，反响热烈，向国际社会传递出中国两会的声音和立场。

全媒体财经高端访谈节目《云起》

作品信息

参评项目及奖次：融媒体类网络专题三等奖
报送单位：央视网
发布平台：央视网、央视影音客户端、中国互联网电视、
　　　　　中国IPTV、CCTV手机电视
首发日期：2020年5月6日

新媒体展示

扫码即可观看本条获奖作品的新媒体展示

作品评介

该专题围绕"两个一百年"奋斗目标、推动中国经济高质量发展，聚焦国家战略，弘扬中国企业家的使命与情怀，记录中国企业的创新发展历程，以全媒体产品方式通过媒体矩阵播出，收获众多企业和民众关注，彰显媒体责任。

《外国网红解码幸福陕西》大型融媒体采访活动

作品信息

参评项目及奖次：融媒体类网络专题三等奖
报送单位：国际在线
发布平台：国际在线
首发日期：2020年11月2日

新媒体展示

扫码即可观看本条获奖作品的新媒体展示

作品评介

该作品通过外国网红的视角，展示了陕西抗击疫情与经济社会发展"双胜利"的成果。其中专题页面悦人眼目，结构合理，内容丰富，产品形式多样，并通过多家境外媒体发布，是"中国故事 国际表达"的成功实践。

罕见！46只朱鹮竟同框出现

作品信息

参评项目及奖次：融媒体类短视频现场新闻三等奖
报送单位：总编室
作品时长：1分21秒
发布平台："央视一套"微博
首发日期：2020年9月22日

新媒体展示

扫码即可观看本条获奖作品的新媒体展示

作品评介

该短视频新闻多方位报道了野生朱鹮的现状，以全媒体方式进行全网推送，形成了较强的社会影响力，极大提高了基层保护工作者的积极性，体现了我国生态文明建设的成就。

日本吃不下钓鱼岛！台议员：中国人不像"台独"那样任你欺凌

作品信息

参评项目及奖次：融媒体类短视频现场新闻三等奖
报送单位：港澳台节目中心
作品时长：1分40秒
发布平台："你好台湾网"新浪微博
首发日期：2020年6月9日

新媒体展示

扫码即可观看本条获奖作品的新媒体展示

作品评介

在新冠肺炎疫情和"台独"猖獗的背景下，该作品以台湾岛内民众的声音批判"台独"分子及其言行，为两岸同胞打气鼓劲，有力传播并放大了岛内爱国促统的正确声音。

战士第一视角看抗洪

作品信息

参评项目及奖次：融媒体类短视频现场新闻三等奖
报送单位：新闻新媒体中心
作品时长：19秒
发布平台："央视新闻"微博
首发日期：2020年7月19日

新媒体展示

扫码即可观看本条获奖作品的新媒体展示

作品评介

该现场新闻剪辑了直播中的精华，以纯现场、直播态突出了真实性、互动性，使观众能够通过主观视角近距离、清晰地实时见证抗洪现场，视觉冲击力极强，贴合新媒体的传播特点，在此次抗洪抢险报道中独具一格。

藏医医护人员却吉卓玛驰援武汉

作品信息

参评项目及奖次：融媒体类短视频专题报道三等奖
报送单位：民族语言节目中心
作品时长：6分钟
发布平台："中国藏语广播CNR"微信公众号
首发日期：2020年2月11日

新媒体展示

扫码即可观看本条获奖作品的新媒体展示

作品评介

该节目组克服距离遥远、设备短缺等问题，灵活运用移动网络设备，第一时间积极协调各方力量，充分展示了全国驰援武汉的决心及藏医医护人员积极投身抗疫一线的感人故事。节目播出后在全国涉藏地区引起强烈反响。

春花

作品信息

参评项目及奖次：融媒体类短视频专题报道三等奖
报送单位：民族语言节目中心
作品时长：5分02秒
发布平台："中国哈萨克语广播CNR"微信公众号
首发日期：2020年4月22日

新媒体展示

扫码即可观看本条获奖作品的新媒体展示

作品评介

该节目通过记录新疆第二批援鄂医疗队副领队巴哈古丽·托勒恒的抗疫工作经历以及任务结束后的跟踪采访，讲述了医护人员和患者们在这一特殊阶段、特殊环境中共克时艰的暖心故事，给更多人带来了疫情时期的希望。

中国制度,民族复兴的保障
(6集)

作品信息

参评项目及奖次:融媒体类短视频专题报道三等奖
报送单位:民族语言节目中心
作品时长:代表作一:5分07秒;代表作二:3分40秒;
代表作三:3分32秒
发布平台:央视频《绚丽民族风》
首发日期:2020年5月21日

新媒体展示

扫码即可观看本条获奖作品的新媒体展示

作品评介

该作品用事实说话,真实生动地讴歌了中国共产党领导和中国制度的强大优势,表达中华民族伟大复兴必将实现的强大信心,极大增强了"五个认同"和中华民族共同体意识。

驻香港部队司令员表态:坚决拥护全国人大涉港决定

作品信息

参评项目及奖次:融媒体类短视频专题报道三等奖
报送单位:军事节目中心
作品时长:1分12秒
发布平台:"央广军事"官方微博
首发日期:2020年5月26日

新媒体展示

扫码即可观看本条获奖作品的新媒体展示

作品评介

在"港独"分子严重损害香港繁荣稳定、挑战"一国两制"原则底线的背景下,该作品聚焦国家重大议题,紧跟时事热点,取得了积极广泛的国际影响,达到了扬我国威、军威及震慑"港独"的目的。

视觉中国——览华夏之美
（3集）

作品信息

参评项目及奖次：融媒体类短视频专题报道三等奖
报送单位：欧洲拉美地区语言节目中心
作品时长：第一集：3分05秒；第二集：3分10秒；
　　　　　第三集：3分02秒
发布平台：Facebook
首发日期：2020年11月20日

新媒体展示

扫码即可观看本条获奖作品的新媒体展示

作品评介

该系列短视频拍摄和制作手法新颖，体裁符合时代潮流，运用了先进技术手段，展现内容丰富，创意十足，角度独特，对外宣传效果突出。作品很好地展现了祖国人文和自然风貌，着重配合了疫情后旅游文化宣传报道，取得了极佳的传播效果。

微视频丨来了！最新版徽风皖韵

作品信息

参评项目及奖次：融媒体类短视频专题报道三等奖
报送单位：央广网
作品时长：6分01秒
发布平台：央广网客户端
首发日期：2020年3月16日

新媒体展示

扫码即可观看本条获奖作品的新媒体展示

作品评介

该视频精选安徽疫情的感人故事，记录新时代的"徽风皖韵"，创意十足。其中镜头语言也富有感染力，画面和字幕结合增强了传播效果，视频以安徽援鄂医疗队员的"天使日记"为结尾，令受众回味无穷。

【抗战胜利75周年】唱支和平之歌给你听

作品信息

参评项目及奖次：融媒体类短视频专题报道三等奖
报送单位：国际在线
作品时长：7分52秒
发布平台：国际在线手机站
首发日期：2020年9月5日

新媒体展示

扫码即可观看本条获奖作品的新媒体展示

作品评介

该报道为纪念中国人民抗日战争暨世界反法西斯战争胜利75周年而作，温馨质朴又充满人文情怀，通过一组组的感人故事，以小见大地展现出部分日本人用歌声传递对和平的追求，传递他们期盼中日友好的强烈心声。

口罩众生相：中国故事温暖又励志

作品信息

参评项目及奖次：融媒体类短视频专题报道三等奖
报送单位：国际在线
作品时长：3分06秒
发布平台：国际在线手机站
首发日期：2020年3月12日

新媒体展示

扫码即可观看本条获奖作品的新媒体展示

作品评介

该作品以口罩为切入点，反映世界各国在抗疫中的不同做法。报道在中西对比中，突出中国政府及人民为遏制新冠肺炎疫情作出的巨大努力，有效带动了互动，受众反馈好。

老外在中国·我的北京故事
（8集）

📄 作品信息

参评项目及奖次：融媒体类短视频专题报道三等奖
报送单位：国际在线
作品时长：代表作一：4分22秒；代表作二：3分钟；
　　　　　代表作三：3分04秒
发布平台：国际在线手机站
首发日期：2020年8月15日

▶ 新媒体展示

扫码即可观看本条获奖作品的新媒体展示

💬 作品评介

该系列短视频以"外眼"观察北京，以"外嘴"讲述北京，通过"人"的故事，实现跨越国界的人心相通，从中展现北京的开放与发展，以及中国海纳百川的胸怀与朝气蓬勃、日新月异的大国气象。

马丁·雅克：中国共产党领导中国完成了一场卓越的转型

📄 作品信息

参评项目及奖次：融媒体类短视频专题报道三等奖
报送单位：国际在线
作品时长：7分32秒
发布平台：国际在线手机站
首发日期：2020年6月30日

▶ 新媒体展示

扫码即可观看本条获奖作品的新媒体展示

💬 作品评介

该作品内容丰富翔实、层次分明、深入浅出，在全球新冠肺炎疫情蔓延的情况下，采用了在当时行之有效的视频连线采访形式。该访谈视频在多端推出，传播效果良好。

讲述真相 共抗疫情
（7集）

作品信息

参评项目及奖次：融媒体类短视频专题报道三等奖
报送单位：亚洲非洲地区语言节目中心
作品时长：代表作一：2分52秒；代表作二：6分35秒；
代表作三：5分48秒
发布平台：Facebook CRI Tamil 账号、国际在线
首发日期：2020年2月14日

新媒体展示

扫码即可观看本条获奖作品的新媒体展示

作品评介

该系列产品向受众展示中国民众的防护意识和趋于正常化的生活，以事实回击关于物资紧缺的不实报道，打破了西方媒体在印度舆论圈层的主导，在社交媒体引发了印度受众和外媒的强烈关注，达到了很好的传播实效。

绿色发展 中国在行动

作品信息

参评项目及奖次：融媒体类短视频专题报道三等奖
报送单位：亚洲非洲地区语言节目中心
作品时长：3分18秒
发布平台：CGTN官网
首发日期：2020年12月21日

新媒体展示

扫码即可观看本条获奖作品的新媒体展示

作品评介

该片以微缩景观结合实际拍摄的手法，以中国治理沙漠的努力与成果为引子，推出中国近年来实施的重大生态保护工程及取得的积极进展。该报道在形式上吸引年轻新媒体受众，在内容上充分体现出中国所作的贡献，不失为一件外宣报道的好作品。

致富有法宝
（4集）

作品信息

参评项目及奖次：融媒体类短视频专题报道三等奖
报送单位：亚洲非洲地区语言节目中心
作品时长：代表作一：4分07秒；代表作二：4分19秒；
　　　　　代表作三：3分43秒
发布平台：Facebook CRI Tamil 账号
首发日期：2020年10月12日

新媒体展示

扫码即可观看本条获奖作品的新媒体展示

此为对外网页

作品评介

该系列短视频报道通过主播流利的语言、极具感染力的表现以及新颖的拍摄手法和丰富的镜头语言，将中国全面建成小康社会这一壮举以及宝贵经验传递给印度受众，充分展现了中国从政府到百姓脱贫致富奔小康的美丽画卷。

我的抗"疫"生活
（15集）

作品信息

参评项目及奖次：融媒体类短视频专题报道三等奖
报送单位：欧洲拉美地区语言节目中心
作品时长：代表作一：4分18秒；代表作二：4分07秒；
　　　　　代表作三：3分43秒
发布平台：CGTN 西班牙语频道网站
首发日期：2020年3月18日

新媒体展示

扫码即可观看本条获奖作品的新媒体展示

作品评介

该系列报道聚焦西语对象国的民众和旅居海外的华人华侨，讲述了其亲身经历和所在地抗疫情况，传递了抗疫正能量和有益经验，体现了人类命运共同体的理念，对内对外均取得了很好的传播效果。

三农奇观
（8集）

作品信息

参评项目及奖次：融媒体类移动直播三等奖
报送单位：农业农村节目中心
作品时长：18小时30分
发布平台："央视三农"央视频号
首发日期：2020年6月25日

新媒体展示

扫码即可观看本条获奖作品的新媒体展示

作品评介

该作品角度独特、在"三农"传播这个蕴含着无穷魅力的"蓝海"中以小见大，为中央广播电视总台在乡村振兴融媒体传播形态、渠道资源融合及"三农"品牌项目打造等方面作出了有益探索。

走进日本大使馆：文化同源——茶与花之道

作品信息

参评项目及奖次：融媒体类移动直播三等奖
报送单位：亚洲非洲地区语言节目中心
作品时长：53分08秒
发布平台：央视频
首发日期：2020年8月4日

新媒体展示

扫码即可观看本条获奖作品的新媒体展示

作品评介

两场直播利用5G移动通信技术，首次实现央视频、新浪微博等多平台、多账户联合互动直播，首次实现在直播中通过问答抽奖等形式与受众开展互动，为促进中日外交关系良性发展发挥了积极作用。

小鹿直播间之海南自贸港系列移动直播
（3场）

作品信息

参评项目及奖次：融媒体类移动直播三等奖
报送单位：欧洲拉美地区语言节目中心
作品时长：38分28秒
发布平台：Facebook总台葡语部账号
首发日期：2020年11月26日

新媒体展示

扫码即可观看本条获奖作品的新媒体展示

作品评介

该移动直播与地方卫视共同策划，在海内外多平台同步直播，形式新颖，内容丰富，现场感强，互动效果佳。直播精准选取受众关注点进行体验式报道，代入感强，是扩大传播范围、提高产品影响力的一大创新。

《中国舆论场》120分钟大小屏接替融直播

作品信息

参评项目及奖次：融媒体类移动直播三等奖
报送单位：华语环球节目中心
作品时长：2小时
发布平台：央视频
首发日期：2020年6月7日

新媒体展示

扫码即可观看本条获奖作品的新媒体展示

作品评介

《中国舆论场》与央视频探寻合作共赢新模式，央视频给予该作品平台资源与技术支持，作品又以大屏资源为央视频宣推引流下载，具有较强的传播力和影响力。

美育云端课堂
（14场）

作品信息

参评项目及奖次：融媒体类移动直播三等奖
报送单位：视听新媒体中心
作品时长：14小时22分23秒
发布平台：央视音乐
首发日期：2020年5月23日

新媒体展示

扫码即可观看本条获奖作品的新媒体展示

作品评介

  在疫情特殊时间节点，国家级5G新媒体平台央视频在文化艺术领域发挥平台优势，汇聚行业资源，策划并呈现了一系列"云端美育"活动。该系列直播共持续6天12场，在央视频端内播放量喜人，社会反响热烈。

文物"潮"我看
（8集）

作品信息

参评项目及奖次：融媒体类移动直播三等奖
报送单位：视听新媒体中心
作品时长：2小时59分21秒
发布平台：央视频
首发日期：2020年6月13日

新媒体展示

扫码即可观看本条获奖作品的新媒体展示

作品评介

  该节目通过新媒体的手段集中优选展现了2020年"文化和自然遗产日"全国各地的文博风采，体现了中华厚重灿烂的历史文化，在疫情期间传播了正能量，对全国各地文博事业在新媒体端的发展起到了良好的宣传引导作用。

2021，我们要"拼"出怎样的世界

📄 作品信息

参评项目及奖次：融媒体类页（界）面设计三等奖
报送单位：国际在线
发布平台：国际在线手机站
首发日期：2020年12月31日

▶ 新媒体展示

扫码即可观看本条获奖作品的新媒体展示

💬 作品评介

该产品运用拼图的形式，让网友能够在趣味性的操作中完成对新闻内容的阅览，交互性强。页面设计很好地服务于主题表达，视觉愉悦，传播效果好。

决胜——脱贫攻坚智惠媒体平台

📄 作品信息

参评项目及奖次：融媒体类页（界）面设计三等奖
报送单位：央视网
发布平台：央视网
首发日期：2020年4月29日

▶ 新媒体展示

扫码即可观看本条获奖作品的新媒体展示

💬 作品评介

该作品全景展示了边远乡村脱贫奔小康的巨大成就，有效搭建起连接地方物产与终端市场的惠农桥梁，借助多屏融合传播手段描绘出一幅新时代扶贫脱贫伟业的壮阔蓝图，得到了多家中央主流媒体的重点关注报道。

云遇中国

作品信息

参评项目及奖次：融媒体类页（界）面设计三等奖
报送单位：央广网
发布平台：央广网
首发日期：2020年6月13日

新媒体展示

扫码即可观看本条获奖作品的新媒体展示

作品评介

该专题页设计精巧有内涵，整体布局巧妙有深度，内容呈现形式多元融合，观感体验方面可达到沉浸式效果，是集科普性、欣赏性、体验性、互动性为一体的网微端宣传产品，展现中华优秀传统文化在时代激扬下的继承创新和永久魅力。

携手阿拉伯网友声援一线工作者

作品信息

参评项目及奖次：融媒体类创意互动三等奖
报送单位：亚洲非洲地区语言节目中心
作品时长：2分39秒
发布平台：Facebook CGTN Arabic 账号
首发日期：2020年2月6日

新媒体展示

扫码即可观看本条获奖作品的新媒体展示

此为对外网页

作品评介

该产品开创了一种新颖的循环互动形式，为UGC开拓发声平台，以诗意的语言抒发了中国与世界各国一起携手抗疫的深厚情谊，在引发阿拉伯网友关心中国、心系中国人民的同时，进一步提升了中央广播电视总台在阿拉伯国家的知名度和影响力。

战"疫"家书 纸短情长

作品信息

参评项目及奖次：融媒体类创意互动三等奖
报送单位：央广网
发布平台：央广网客户端
首发日期：2020 年 2 月 21 日

新媒体展示

扫码即可观看本条获奖作品的新媒体展示

作品评介

该作品充分利用新媒体传播优势，融合图文、声音，通过多维度、多形式的报道，及时传递疫情信息，科学引导舆论，凝聚大众的信心和力量，进一步提升了自身的传播力、引导力、影响力和公信力，使媒体公信度再上新台阶。

朋友圈的"疫"场变化

作品信息

参评项目及奖次：融媒体类创意互动三等奖
报送单位：央广国家应急广播中心
发布平台："国家应急广播"微信公众号
首发日期：2020 年 4 月 30 日

新媒体展示

扫码即可观看本条获奖作品的新媒体展示

作品评介

该作品敏锐地捕捉到新冠肺炎疫情前后人们卫生习惯、生活理念的转变，采用交互方式，让用户点击、滑动长图完成打喷嚏掩口鼻、正确佩戴口罩、使用公筷等转变，参与到以点滴改变构筑健康防线的人民"战疫"中。作品构思新颖、制作精美。

道法自然　多样之美

作品信息

参评项目及奖次：融媒体类创意互动三等奖
报送单位：欧洲拉美地区语言节目中心
发布平台：CGTN 法语频道官方网站
首发日期：2020 年 12 月 4 日

新媒体展示

扫码即可观看本条获奖作品的新媒体展示

作品评介

该产品以丰富翔实的数据资料为基础，以可视化手段叙述内容，展现了中国在生物多样性领域的成就和宝贵经验，赢得了欧洲地区法语国家用户的关注，达到了提升原创产品海外影响力的目标。

你好 2020
——春晚幕后纪事

作品信息

参评项目及奖次：融媒体类融合创新三等奖
报送单位：文艺节目中心
作品时长：49 分 57 秒
发布平台：央视频
首发日期：2020 年 1 月 30 日

新媒体展示

扫码即可观看本条获奖作品的新媒体展示

作品评介

该作品在秉承纪录片真实性基础之上，利用其短而精的叙事结构、多渠道的传播方式等优势，解密节目创新亮点，剖析先进技术手段，分析创新镜头语言，进一步扩大了春节联欢晚会的影响力和传播力，实现社会效益与经济效益的双丰收。

青春能量现场
（5集）

作品信息

参评项目及奖次：融媒体类融合创新三等奖
报送单位：文艺节目中心
发布平台：央视频
首发日期：2020 年 9 月 21 日

新媒体展示

扫码即可观看本条获奖作品的新媒体展示

作品评介

该作品以传统广播融合新技术新应用的新媒体平台优势，积极构建全方位、立体式、多元化的融媒体渠道，以生动活泼、朝气蓬勃的音乐语言和文艺融合传播手段讲好新时代青春故事，突出文艺品牌特色，开创文艺宣传新格局。

绽放的玫瑰
——2020中国席位全国体操锦标赛女子全能决赛

作品信息

参评项目及奖次：融媒体类融合创新三等奖
报送单位：体育青少节目中心
作品时长：2 小时 01 分 30 秒
发布平台：央视频
首发日期：2020 年 9 月 26 日

新媒体展示

扫码即可观看本条获奖作品的新媒体展示

作品评介

该作品主创团队以国际体操项目信号制作标准为基础，结合融媒体传播规律并充分利用央视频 APP 的传播手段，创造性地采用全流程、多窗口、多角度的方式进行融媒体赛事直播，是一次融媒体传播方面大胆的突破创新。

评论《历史关头，国民党当有择善而行的勇气》

作品信息

参评项目及奖次：融媒体类融合创新三等奖
报送单位：港澳台节目中心
作品时长：5分31秒
发布平台："你好台湾网"新媒体平台
　　　　　（现"看台海"新媒体平台）
首发日期：2020年3月7日

新媒体展示

扫码即可观看本条获奖作品的新媒体展示

作品评介

港澳台节目中心团队以高度的政治觉悟、精心策划、写作，在重要时间节点及时发声，并融合多种媒体形式、多梯次、多面向传播。该作品时效快、站位高、效果好，针对性强，表明中国大陆的态度，正向引导两岸舆情。

舟舶继路传佳话　继往开来谱新篇
——中阿传统友好焕发新活力

作品信息

参评项目及奖次：融媒体类融合创新三等奖
报送单位：亚洲非洲地区语言节目中心
作品时长：3分36秒
发布平台："CGTN阿拉伯语频道"微信公众号
首发日期：2020年11月20日

新媒体展示

扫码即可观看本条获奖作品的新媒体展示

作品评介

该片高度概括60多年来中国和阿拉伯国家积极发展双边关系、在涉及彼此核心利益的问题上坚定相互支持的历程，通过增强现实技术全景式重现中阿交往中的高光瞬间，突出表现中阿之间的深厚情谊，取得了广泛的国际传播效果。

上天下海，看 2020 中国硬核科技

作品信息

参评项目及奖次：融媒体类融合创新三等奖
报送单位：欧洲拉美地区语言节目中心
作品时长：3 分 39 秒
发布平台："CGTN 俄语频道"微博
首发日期：2020 年 12 月 28 日

新媒体展示

扫码即可观看本条获奖作品的新媒体展示

作品评介

该作品创新了表达方法，巧妙使用创新实验室虚拟新技术让观众了解和感受到了中国航空航天、深海探测、生物医疗等领域的科技进步，引发境外网友与网红间的积极互动，是俄语部网红工作室在境外进行好感传播的一次成功尝试。

"球王"陨落　一起告别马拉多纳

作品信息

参评项目及奖次：融媒体类融合创新三等奖
报送单位：新闻新媒体中心
作品时长：17 小时 41 分 40 秒
发布平台：央视新闻客户端
首发日期：2020 年 11 月 26 日

新媒体展示

扫码即可观看本条获奖作品的新媒体展示

作品评介

新闻新媒体中心第一时间为网友搭建起在线"追忆"阿根廷传奇球星马拉多纳的平台，充分利用各方资源，集聚三台融合传播能力。该作品体现了融媒体时代突发报道的即时性、灵活性、现场性和参与性，取得了较大影响力。

我和我的村庄
（6集）

作品信息

参评项目及奖次：融媒体类融合创新三等奖
报送单位：新闻新媒体中心
作品时长：代表作一：2小时40分24秒；
　　　　　代表作二：2小时20分57秒；
　　　　　代表作三：1小时54分10秒
发布平台：央视新闻客户端
首发日期：2020年11月14日

新媒体展示

扫码即可观看本条获奖作品的新媒体展示

作品评介

该节目组采用移动直播、H5海报、竖屏短视频等符合受众需求的融媒体产品，真实全面地展现了我国决胜脱贫攻坚战役取得的扎实成果，以带着乡土气息的现代表达弘扬了正能量。

新影像

作品信息

参评项目及奖次：融媒体类融合创新三等奖
报送单位：新闻新媒体中心
作品时长：代表作一：7分13秒；代表作二：7分53秒；
　　　　　代表作三：5分18秒
发布平台：央视新闻客户端
首发日期：2020年1月1日

新媒体展示

扫码即可观看本条获奖作品的新媒体展示

作品评介

该栏目以今日视角对历史珍贵影像的全新解读、全新呈现，充分体现了媒体融合创新的价值和意义，传递着温暖的记忆、伟大的精神，也镜鉴着未来的方向。

2020 央视频"云观赛"

作品信息

参评项目及奖次：融媒体类融合创新三等奖
报送单位：视听新媒体中心
发布平台：央视频
首发日期：2020 年 7 月 1 日

新媒体展示

扫码即可观看本条获奖作品的新媒体展示

作品评介

该项目充分挖掘并放大 5G 新媒体平台技术优势，为疫情影响下的体育赛事提供了全新的转播理念和观看方式，较好地解决了疫情期间球迷观赛的现实难题。

火车火车哪里开
（7 集）

作品信息

参评项目及奖次：融媒体类融合创新三等奖
报送单位：视听新媒体中心
作品时长：代表作一：6 小时 38 分 01 秒；
　　　　　代表作二：5 小时 18 分 08 秒；
　　　　　代表作三：4 小时 02 分 27 秒
发布平台：央视频
首发日期：2020 年 8 月 23 日

新媒体展示

扫码即可观看本条获奖作品的新媒体展示

作品评介

该项目立足于扶贫先扶智，以国家级院团惠民演出结合嘉宾访谈的形式，进行 7 场大小屏联动的大型融媒体系列直播，为中央广播电视总台的脱贫攻坚系列报道工作贡献力量。

来央视频 我们向国旗云致敬
（38集）

作品信息

参评项目及奖次：融媒体类融合创新三等奖
报送单位：视听新媒体中心
作品时长：代表作一：30 秒；代表作二：1 小时 45 分 34 秒；
代表作三：8 分 34 秒
发布平台：央视频
首发日期：2020 年 9 月 20 日

新媒体展示

扫码即可观看本条获奖作品的新媒体展示

作品评介

该作品创新主旋律仪式表达方式，多机位直播升旗仪式，直播画面与观众的互动实现了天安门升降旗仪式的新媒体"仪式化表述"，促进公众间在"升降旗仪式"中的交流与沟通，体现并传递了主流价值观，实现了爱国情感的新媒体表达。

特别的爱给特别的你

作品信息

参评项目及奖次：融媒体类融合创新三等奖
报送单位：视听新媒体中心
作品时长：11 小时 09 分 29 秒
发布平台：央视频
首发日期：2020 年 5 月 20 日

新媒体展示

扫码即可观看本条获奖作品的新媒体展示

作品评介

该节目将 5 月 20 日这个网络节日的内涵延伸至对抗疫医护人员、父母、子女、自己和祖国等的爱意和敬意，注重节目形态和传播语态的创新，开创了"诗歌＋访谈＋歌曲"的"三明治"结构新模式，为超长大型直播探索出一套新的叙述模式。

央视频"云充电"免费直播课

作品信息

参评项目及奖次：融媒体类融合创新三等奖
报送单位：视听新媒体中心
作品时长：代表作一：12 小时 46 分 51 秒；
　　　　　代表作二：5 分 12 秒；
　　　　　代表作三：6 分 27 秒
发布平台：央视频
首发日期：2020 年 2 月 1 日

新媒体展示

扫码即可观看本条获奖作品的新媒体展示

作品评介

为响应教育部疫情防控期间"停课不停学"倡议，"云充电"免费直播课程深度开发各类学习课程，满足大中小学生的在线学习需求、大众的居家健身和疫情期间的心理纾解需求，以更高政治站位参与了社会治理。

超燃动漫：对"疫"

作品信息

参评项目及奖次：融媒体类融合创新三等奖
报送单位：央视网
作品时长：3 分 16 秒
发布平台：央视网
首发日期：2020 年 4 月 5 日

新媒体展示

扫码即可观看本条获奖作品的新媒体展示

作品评介

该作品以新式国漫武侠风，将与疫情抗争的过程形象化为人类与病毒的"对弈"，通过丰富的故事内核和饱满的角色形象呈现中国人民抗疫之战，时下流行的二次元表现方式吸引年轻网民，是央视网全媒体报道的又一创新成果。

国际人士看中国
（7集）

作品信息

参评项目及奖次：融媒体类融合创新三等奖
报送单位：新闻中心
发布平台：央视网
首发日期：2020年12月16日

新媒体展示

扫码即可观看本条获奖作品的新媒体展示

作品评介

该作品在访谈对象的选择上追求广泛代表性，在国别上涵盖发达国家与发展中国家，并最大限度地挖掘报道深度，为每一位受访嘉宾"量身定做"采访方案，以音视频多媒体形态的制作取得了良好的社会效果。

一问到底
（54期）

作品信息

参评项目及奖次：融媒体类融合创新三等奖
报送单位：新闻中心
发布平台：央视网
首发日期：2020年9月2日

新媒体展示

扫码即可观看本条获奖作品的新媒体展示

作品评介

该节目针对互联网时代乱象频出、信息纷杂、误导视听等现象，以科学的态度发出权威声音，体现了主流媒体承担起澄清谬误、终结谣言的社会责任，在收视率和融媒体传播率两方面均有突出表现。

超级新农人

作品信息

参评项目及奖次：融媒体类融合创新三等奖
报送单位：农业农村节目中心
作品时长：代表作一：1 小时 20 分；
　　　　　代表作二：1 小时 19 分 48 秒；
　　　　　代表作三：1 小时 19 分 40 秒
发布平台：农业农村频道，央视频"幸福乡村号"账号
首发日期：2020 年 8 月 16 日

新媒体展示

扫码即可观看本条获奖作品的新媒体展示

作品评介

该节目在全国选取农业现代化比较发达的城市，通过新农发掘官和推荐官，寻找当地最有特色的农业"牛人"，进行技术风采展示及技能挑战，是融"原创电视节目 + 伴随式网络原生互动节目 + 互联网宣传"三位一体的开放性全媒体行动。

人民记忆：百年百城
——腾冲奔小康

作品信息

参评项目及奖次：融媒体类融合创新三等奖
报送单位：央视网
作品时长：1 分 40 秒
发布平台：央视网
首发日期：2020 年 11 月 24 日

新媒体展示

扫码即可观看本条获奖作品的新媒体展示

作品评介

央视网在正值全面建成小康社会的收官之年、中国共产党成立 100 周年之际推出该节目，主题鲜明，视频精良，且与其他平台、地方城市之间建立良好联动合作，在线上、线下均取得了良好的传播效果和社会效应。

三等奖·融媒体类

锦绣小康

作品信息

参评项目及奖次：融媒体类融合创新三等奖
报送单位：央视网
发布平台：央视网
首发日期：2020年12月8日

新媒体展示

扫码即可观看本条获奖作品的新媒体展示

作品评介

《锦绣小康》以中国刺绣进行整体包装，构成中国脱贫故事的缩影，反映中国的扶贫成绩，既是新媒体"现象级"产品，也是时政产品形式创新的典范。

飒声
（16集）

作品信息

参评项目及奖次：融媒体类融合创新三等奖
报送单位：央视网
作品时长：代表作一：17分15秒；
　　　　　代表作二：20分13秒；
　　　　　代表作三：21分06秒
发布平台：央视网
首发日期：2020年5月4日

新媒体展示

扫码即可观看本条获奖作品的新媒体展示

作品评介

该节目邀请了16位有代表性的青年分享他们参与世界改变的故事与经历，切入点新颖，主题设定鲜明多元，整体制作精良，并通过图文、音视频等方式的融合传播产生了良好的社会影响力和榜样带动作用，传递了正确的价值观，是宣传新时代中国青年的优秀作品。

喜上加喜

作品信息

参评项目及奖次：栏目类三等奖
报送单位：文艺节目中心
栏目时长：1 小时 30 分
创办日期：2019 年 7 月 1 日
发布平台：综艺频道
刊播周期：周播

新媒体展示

扫码即可观看本条获奖作品的新媒体展示

作品评介

作为一档相亲节目，《喜上加喜》把舞台搭在脱贫攻坚第一线，将主角定位为奋战在脱贫攻坚一线的青年建设者，完美融合了小切口和大主题，饱含着家国情怀和使命担当。

角儿来了

作品信息

参评项目及奖次：栏目类三等奖
报送单位：文艺节目中心
栏目时长：1 小时
创办日期：2017 年 11 月 5 日
发布平台：戏曲频道
刊播周期：周播

新媒体展示

扫码即可观看本条获奖作品的新媒体展示

作品评介

《角儿来了》是一档融媒体互动戏曲栏目，以云录制、棚内伴随直播录制、外景真人秀录制和实景晚会录制等四种样态，制作出新时代下百姓喜闻乐见的戏曲节目。

体育新闻

作品信息

参评项目及奖次：栏目类三等奖
报送单位：体育青少节目中心
作品时长：30 分钟
创办日期：1989 年 1 月 1 日
发布平台：体育频道
刊播周期：日播

新媒体展示

扫码即可观看本条获奖作品的新媒体展示

作品评介

该栏目专注报道国内外体坛的焦点赛事、事件和人物，具有较强的专业性和权威性。2020 年，该栏目在发扬传统优势的同时，不断创新发展，以体育独有的力量引导观众。

天网

作品信息

参评项目及奖次：栏目类三等奖
报送单位：社教节目中心
栏目时长：30 分钟
创办日期：2004 年 12 月 29 日
发布平台：社会与法频道
刊播周期：周一至周五，日播

新媒体展示

扫码即可观看本条获奖作品的新媒体展示

作品评介

《天网》作为一档法治纪录片，以"传递正义的力量"为栏目宗旨。2020 全年《天网》栏目相关视频内容在央视网多终端直播，点播收视用户达 6660 万人，收视次数超过 1.29 亿。

星推荐

作品信息

参评项目及奖次：栏目类三等奖
报送单位：影视剧纪录片中心
作品时长：5 分钟
创办日期：2014 年 1 月 1 日
发布平台：电视剧频道
刊播周期：日播

新媒体展示

扫码即可观看本条获奖作品的新媒体展示

作品评介

《星推荐》是一档影视互动服务类节目，该节目揭秘电视剧制作独家内幕，呈现匠心作品背后鲜为人知的故事。2020 年《星推荐》采用"云录制"的方式，共制作播出 350 期节目，首播平均收视率 0.49%。

国防故事

作品信息

参评项目及奖次：栏目类三等奖
报送单位：军事节目中心
作品时长：22 分钟
创办日期：2019 年 8 月 1 日
发布平台：国防军事频道
刊播周期：周一至周五，日播

新媒体展示

扫码即可观看本条获奖作品的新媒体展示

作品评介

《国防故事》是一档纪实类专题栏目，讲述国防领域武装力量、军事行动等的背后故事。栏目制作播出的纪录片《重托》荣获"2020·见证伟大的抗疫精神——中国同心战'疫'纪实影像主题活动"优秀作品。

中国之旅

作品信息

参评项目及奖次：栏目类三等奖
报送单位：亚洲非洲地区语言节目中心
栏目时长：30分钟
创办日期：2009年7月25日
发布平台：CGTN阿拉伯语频道
刊播周期：日播

新媒体展示

扫码即可观看本条获奖作品的新媒体展示

作品评介

该栏目以"绿水青山就是金山银山"为核心理念，以人与自然的和谐相处为内容规划的主题，旨在向海外观众展现中国之美。2020年该栏目荣获"第26届中国纪录片好栏目"奖。

对话（西班牙语）

作品信息

参评项目及奖次：栏目类三等奖
报送单位：欧洲拉美地区语言节目中心
栏目时长：30分钟
创办日期：2004年10月3日
发布平台：CGTN西班牙语频道
刊播周期：每周2期

新媒体展示

扫码即可观看本条获奖作品的新媒体展示

作品评介

该栏目以高端访谈、时事评论和人物专访为主，在西班牙语圈内已形成一定知名度。2020年年初，该栏目在现场交流中国抗疫的成功经验，驳斥全球抗疫中出现的不和谐声音，准确传达了中方态度。

对话（法语）

作品信息

参评项目及奖次：栏目类三等奖
报送单位：欧洲拉美地区语言节目中心
栏目时长：30 分钟
创办日期：2005 年 6 月 21 日
发布平台：CGTN 法语频道
刊播周期：周二至周五，日播

新媒体展示

扫码即可观看本条获奖作品的新媒体展示

作品评介

该作品是一档主打时事评论与高端专访的访谈栏目。2020 年，栏目积极开展国际舆论斗争，传播中国声音，其中特别节目《对话世界》单期获全球阅览量 1035 万，视频观看量 151 万。

精彩故事汇

作品信息

参评项目及奖次：栏目类三等奖
报送单位：文艺节目中心
栏目时长：21 分 58 秒
创办日期：2019 年 9 月 21 日
发布平台：文艺之声
刊播周期：日播

新媒体展示

扫码即可观看本条获奖作品的新媒体展示

作品评介

该栏目以"平凡故事，讲述百味人生"为定位，讲述中国人、中国事。栏目兼顾知识性与服务性，在各新媒体平台收获了百万推荐，好评如潮。

译彩纷呈

作品信息

参评项目及奖次：栏目类三等奖
报送单位：民族语言节目中心
作品时长：29 分 54 秒
创办日期：2019 年 9 月 18 日
发布平台：维吾尔语广播
刊播周期：日播

新媒体展示

扫码即可观看本条获奖作品的新媒体展示

作品评介

该栏目把电视节目转换成民族语言广播节目，很好地传达了节目内容中所体现的"弘扬中华优秀文化，增强文化自信""铸牢中华民族共同体意识""实现中华民族伟大复兴的中国梦"的时代精神。

一南军事论坛

作品信息

参评项目及奖次：栏目类三等奖
报送单位：军事节目中心
作品时长：15 分 13 秒
创办日期：2004 年 1 月 7 日
发布平台：中国之声
刊播周期：周播

新媒体展示

扫码即可观看本条获奖作品的新媒体展示

作品评介

该栏目通过独家采访，解析国内外热点涉军话题，在国际军事舆论场中发出"中国声音"。近年来，该栏目将阵地拓展到"两微一端"等新媒体，网络点击率超过 3 亿次。

港清楚

作品信息

参评项目及奖次：栏目类三等奖
报送单位：港澳台节目中心
作品时长：29 分 59 秒
创办日期：2019 年 9 月 1 日
发布平台：粤港澳大湾区之声
刊播周期：日播

新媒体展示

扫码即可观看本条获奖作品的新媒体展示

作品评介

该作品是中央广播电视总台以粤港澳大湾区建设各方面内容为主要议题的新闻访谈类栏目，体现国家大政方针的湾区视角和港澳情怀，对港澳宣传作出了有力贡献。

台北直播室

作品信息

参评项目及奖次：栏目类三等奖
报送单位：港澳台节目中心
作品时长：15 分钟
创办日期：2009 年 3 月 23 日
发布平台：中华之声（现台海之声）
刊播周期：日播

新媒体展示

扫码即可观看本条获奖作品的新媒体展示

作品评介

该作品是由总台入台驻点记者采编完成的一档新闻类栏目。栏目秉承"跨越海峡、沟通两岸"的宗旨，提供全面、深入、最新的岛内新闻现场、突发事件、热点焦点与两岸交流等丰富的新闻内容。创办 12 年来，该栏目见证了两岸关系的众多历史性时刻。

央视财经

作品信息

参评项目及奖次：栏目类三等奖
报送单位：财经节目中心
创办日期：2012 年 12 月 1 日
发布平台：央视财经新媒体
发布总次数：共发布 3015 次 6231 篇

新媒体展示

扫码即可观看本条获奖作品的新媒体展示

作品评介

"央视财经"微信公众号作为新媒体类财经新闻栏目，定位"专业、权威、价值"，深耕财经专业垂类。2020 年，"央视财经"微信公众号全年阅读总量超 4.3 亿，点赞总量 200 万+，在财经领域具有巨大影响力。

热评

作品信息

参评项目及奖次：栏目类三等奖
报送单位：新闻新媒体中心
创办日期：2019 年 7 月 4 日
发布平台：央视新闻客户端
2020 年度发布总次数：共发布 752 次

新媒体展示

扫码即可观看本条获奖作品的新媒体展示

作品评介

该栏目是中央广播电视总台新闻新媒体针对社会热点事件发声的新锐评论品牌。2020 年，该栏目发稿 752 篇，#央视热评#话题在微博阅读量达 38.7 亿，成为接地气、有温度、网友认可度高的民生评论品牌。

央视频"遇鉴"账号

作品信息

参评项目及奖次：栏目类三等奖
报送单位：视听新媒体中心
创办日期：2019年11月8日
发布平台：央视频
2020年度发布总次数：共发布341次

新媒体展示

扫码即可观看本条获奖作品的新媒体展示

作品评介

央视频"遇鉴"账号，以联合总台全球记者站呈现实时热点事件为宗旨，引领用户遇鉴美好新视界。2020年度账号已发布341条视频（包含直播回看），总播放量达413.5万。

比划

作品信息

参评项目及奖次：栏目类三等奖
报送单位：央视网
创办日期：2012年9月1日
发布平台：央视网、小央视频
2020年度发布总次数：共发布91次

新媒体展示

扫码即可观看本条获奖作品的新媒体展示

作品评介

作为一档圈粉年轻人的原创短视频IP栏目，《比划》输出高品质新闻内容，聚焦舆论热点解读，打造原创流量爆款产品，精准掌握年轻网民注意力，产品覆盖微博、B站、腾讯新闻、知乎等数十个主流平台，年播放量约为3亿。

国际 3 分钟

作品信息

参评项目及奖次：栏目类三等奖
报送单位：国际在线
创办日期：2019 年 4 月 29 日
发布平台：YouTube、国际在线手机站、国际在线网站

新媒体展示

扫码即可观看本条获奖作品的新媒体展示

作品评介

该作品是一档国际时评类短视频栏目，以国际视野、中国立场为定位，围绕国际新闻热点进行深入浅出的解读和分析。栏目在 2020 年全年共发布短视频 136 期，其年度总阅览量达 1.56 亿。

罗理罗说

作品信息

参评项目及奖次：栏目类三等奖
报送单位：亚洲非洲地区语言节目中心
创办日期：2019 年 8 月 1 日
发布平台：国际在线
刊播周期：每周 2—3 期

新媒体展示

扫码即可观看本条获奖作品的新媒体展示

作品评介

该节目是面向波斯语受众的原创评论栏目。节目以图文为主、短视频和电视为辅，贯彻"一国一策"外宣方针，点评中伊热点时事。节目内容被伊朗主流媒体广泛转载，取得了较好的传播效果。

"中日韩自贸时代新愿景"电视论坛

作品信息

参评项目及奖次：国际传播类新闻作品三等奖
报送单位：英语环球节目中心
作品时长：54分28秒
发布平台：CGTN英语新闻频道
首发日期及栏目：2020年11月6日《对话》

新媒体展示

扫码即可观看本条获奖作品的新媒体展示

作品评介

该论坛采用视频连线和现场讨论相结合的模式，通过研讨交流推动亚洲地区实现持续和平与繁荣，为中日韩进一步合作以及自贸区的建立提供了良好的舆论支持。

塞尔维亚是中国患难与共的朋友
——专访塞尔维亚第一副总理兼外长达契奇

作品信息

参评项目及奖次：国际传播类新闻作品三等奖
报送单位：欧洲拉美地区语言节目中心
作品时长：12分14秒
发布平台：塞尔维亚广播电视台环球频道
首发日期及栏目：2020年2月27日塞尔维亚广播电视台环球频道《政坛人物动态》

新媒体展示

扫码即可观看本条获奖作品的新媒体展示

作品评介

该访谈以疫情期间塞尔维亚外长访华这一事件为切入口，弘扬了中塞两国传统友谊。该节目以双方合作方式制作播出，立意深刻，传播效果显著，其中Facebook覆盖人数超7.2万。

来自西班牙的声音：我知道，中国能行

作品信息

参评项目及奖次：国际传播类新闻作品三等奖
报送单位：欧洲拉美地区语言节目中心
作品时长：5分02秒
发布平台：CGTN西班牙语频道
首发日期及栏目：2020年2月3日《综合新闻》

新媒体展示

扫码即可观看本条获奖作品的新媒体展示

作品评介

该节目为CGTN西班牙语频道对在中国疫情防控最严峻的时刻来信声援的西班牙友人的专访，是获取独家资源、进行融合传播的典型案例，海内外传播效果显著，共获得全球阅读量202.55万。

抗疫进行时
（13集）

作品信息

参评项目及奖次：国际传播类新闻作品三等奖
报送单位：欧洲拉美地区语言节目中心
作品时长：代表作一：4分28秒；代表作二：3分06秒；
　　　　　代表作三：1分21秒
发布平台：巴西旗手电视台
首发日期及栏目：2020年1月28日《晚间新闻》

新媒体展示

扫码即可观看本条获奖作品的新媒体展示

作品评介

《抗疫进行时》以"中国视角"向全球葡语国家受众讲述中国在防控国内疫情和支援全球抗疫方面所作出的努力和贡献。该系列报道海外传播效果显著，实现了对2亿多葡语国家受众的全覆盖。

新冠疫情对俄合作传播特别报道
（13集）

作品信息

参评项目及奖次：国际传播类新闻作品三等奖
报送单位：欧洲拉美地区语言节目中心
作品时长：代表作一：4分05秒；代表作二：5分28秒；
代表作三：3分50秒
发布平台：全俄国家广播电视公司"俄罗斯1"频道
首发日期及栏目：2020年2月2日《每周新闻》

新媒体展示

扫码即可观看本条获奖作品的新媒体展示

作品评介

该作品在中国疫情国际舆论斗争关键期及时发声，对外传递真相及中国官方立场。据不完全统计，该系列报道获得全球阅览量896.7万，成功拓展了中央广播电视总台俄语部的品牌影响力和传播公信力。

与巴西主流媒体合办栏目《中国故事》持续在总台国际传播中扮演重要角色
（3集）

作品信息

参评项目及奖次：国际传播类新闻作品三等奖
报送单位：国际交流局（拉美总站）
作品时长：第一集：9分15秒；第二集：12分钟；
第三集：11分42秒
发布平台：巴西旗手电视台新闻频道
首发日期及栏目：2020年2月2日《晚间新闻》

新媒体展示

扫码即可观看本条获奖作品的新媒体展示

作品评介

《中国故事》取材于中国经济社会领域的新闻事件，展示了真实、立体、全面的新时代中国，是中央广播电视总台拉美总站与当地主流媒体合作传播的经典创新案例。

重塑未来
（5集）

作品信息

参评项目及奖次：国际传播类新闻作品三等奖
报送单位：国际交流局（欧洲总站）
作品时长：代表作一：22分30秒；代表作二：17分45秒；
　　　　　代表作三：22分23秒
发布平台：CGTN英语新闻频道
首发日期及栏目：2020年8月31日《全球财经（欧洲版）》

新媒体展示

扫码即可观看本条获奖作品的新媒体展示

作品评介

该系列节目以全球化视角观察疫情下全球不同产业迎接的全新挑战。节目组从策划、制作到发布始终贯穿"融媒"理念，截至2020年年底，新闻阅读量累计达76万，视频观看量6万。

沙打旺芬芳

作品信息

参评项目及奖次：国际传播类新闻作品三等奖
报送单位：欧洲拉美地区语言节目中心
作品时长：30分钟
发布平台：俄语对外广播、圣彼得堡FM102.4电台
首发日期及栏目：2020年8月9日《听众信箱》《丝路新语》

新媒体展示

扫码即可观看本条获奖作品的新媒体展示

作品评介

该节目以中国故事诠释"两山"理论，用情感解码经济发展同生态环保的关系，有效引导涉华舆论，实现广播专题特别节目首次整节目落地，海内外受众反馈积极。

总台记者探访乌克兰客机空难现场：
场景太让人悲伤

作品信息

参评项目及奖次：国际传播类新闻作品三等奖
报送单位：国际交流局（中东总站）
作品时长：4 分 31 秒
发布平台：尼亚美 FM106
首发日期及栏目：2020 年 1 月 9 日《国际新闻播报》

新媒体展示

扫码即可观看本条获奖作品的新媒体展示

作品评介

该报道记者雷湘平本着"台网并重、先网后台、移动优先"的原则，兼顾国际新闻报道的新闻性与时效性，完成了广播报道、图文报道和视频报道，体现了中央广播电视总台新闻记者扎实的全媒体报道素养。

地球村里的年轻人
（17 集）

作品信息

参评项目及奖次：国际传播类新闻作品三等奖
报送单位：新闻中心
作品时长：代表作一：5 分 25 秒；代表作二：5 分 05 秒；
　　　　　代表作三：3 分 16 秒
发布平台：斯里兰卡调频广播（CRI-SriLanka FM97.9）
首发日期及栏目：2020 年 9 月 1 日僧伽罗语广播新闻栏目

新媒体展示

扫码即可观看本条获奖作品的新媒体展示

作品评介

该系列报道的主题聚焦新冠肺炎疫情背景下各国年轻人的工作生活状况，反映中国国际影响力和地位的提升。该系列报道播出后，通过"国际在线"外语版向境外媒体推送，引发了良好的海内外反馈。

黄河侧　外国客
（5集）

作品信息

参评项目及奖次：国际传播类新闻作品三等奖
报送单位：新闻中心
作品时长：代表作一：5分51秒；代表作二：5分53秒；
　　　　　代表作三：5分53秒
发布平台：澳大利亚悉尼FM98.5、新西兰奥克兰FM90.6、加拿大多伦多FM105.9、肯尼亚内罗毕调频台FM91.9、世界语广播、日语广播
首发日期及栏目：2020年9月29日《直播中国》

新媒体展示

扫码即可观看本条获奖作品的新媒体展示

作品评介

该系列报道通过在华外国人的切身经历，展现黄河流域生态保护、脱贫攻坚等领域的新风貌。报道开辟了中外结合展现黄河国际影响力的全新报道维度，获得良好反响。

微纪录片《"枫"华正茂》
（50集）

作品信息

参评项目及奖次：国际传播类影视纪录作品三等奖
报送单位：华语环球节目中心
作品时长：代表作一：4分56秒；代表作二：4分21秒；
　　　　　代表作三：5分39秒
发布平台：加拿大杜林电视台
首发日期及栏目：2020年10月11日文化类特别节目

新媒体展示

扫码即可观看本条获奖作品的新媒体展示

作品评介

该作品面向新时代下国际传播最重要的目标受众群，记录华裔青少年才艺风貌，题材独特。作品在加拿大6家电视平台播出，覆盖观众上亿，并拓展到英文主流媒体，极大提升了境外好感度。

互信半世纪　越来越"中意"
——献给中意建交五十周年

作品信息

参评项目及奖次：国际传播类影视纪录作品三等奖
报送单位：欧洲拉美地区语言节目中心
作品时长：代表作一：45 分 53 秒；代表作二：52 分 02 秒
发布平台：总台"中意"网站、客户端、社交媒体、
　　　　　中文国际频道，意大利 Class CNBC 电视台
　　　　　SKY ITALIA 频道
首发日期及栏目：2020 年 12 月 26 日特辟时段

新媒体展示

扫码即可观看本条获奖作品的新媒体展示

作品评介

该作品紧扣重大外交节点，在 G7 重点国家有效发声。主创团队通过跨国远程合作完成此片，并在两国电视及新媒体端同步播出。该片在意大利累计观众触达 350 万次，新媒体平台总点播量 267 万。

西藏　扎西德勒
（上下集）

作品信息

参评项目及奖次：国际传播类影视纪录作品三等奖
报送单位：华语环球节目中心
作品时长：上集：49 分钟；下集：43 分钟
发布平台：中文国际频道
首发日期及栏目：2020 年 8 月 28 日特辟时段

新媒体展示

扫码即可观看本条获奖作品的新媒体展示

作品评介

该作品反映中央第六次西藏工作座谈会以来西藏各领域发生的进步和变化，生动诠释中央治藏方略在西藏的成功实践。电视端收看的观众规模达 7501 万人，网络端全网触达用户高达 8.3 亿。

同饮一江水

作品信息

参评项目及奖次：国际传播类影视纪录作品三等奖
报送单位：英语环球节目中心
作品时长：27 分 17 秒
发布平台：CGTN 英语新闻频道
首发日期及栏目：2020 年 8 月 22 日《亚洲观察》

新媒体展示

扫码即可观看本条获奖作品的新媒体展示

作品评介

该片是 CGTN 针对国际舆论的又一次快速反应。作品在东南亚国家的广泛传播，有效促进了澜湄国家的相互理解与共识达成，是对外宣传领域一部不可多得的优秀之作。

勇攀巅峰之挑战不可能
（10 集）

作品信息

参评项目及奖次：国际传播类文艺作品三等奖
报送单位：总编室
作品时长：代表作一：1 小时 31 分 37 秒；
　　　　　代表作二：1 小时 32 分 46 秒；
　　　　　代表作三：1 小时 32 分 47 秒
发布平台：CCTV《挑战不可能》YouTube 官方频道
首发日期及栏目：2020 年 1 月 25 日《勇攀巅峰之挑战不可能》

新媒体展示

扫码即可观看本条获奖作品的新媒体展示

作品评介

该作品树立了大型挑战类节目的标杆，抓住了时代的核心精神需求，以挑战精神与观众建立起情感共鸣。该作品实现了广泛的国际传播，CCTV《挑战不可能》YouTube 官方频道累计播放量超 1 亿。

2020 秘境之眼
——新疆河狸
（3集）

作品信息

参评项目及奖次：国际传播类融媒体作品三等奖
报送单位：总编室
作品时长：每集1分40秒
发布平台：Facebook
首发日期：2020年4月25日

新媒体展示

扫码即可观看本条获奖作品的新媒体展示

作品评介

该作品是全球唯一一档原生态动物视频全媒体节目，全媒体累计总触达84.8亿人次。作品体现了我国野生动物保护的成果，是"美丽中国"的国际形象展示平台。

中国话
（4集）

作品信息

参评项目及奖次：国际传播类融媒体作品三等奖
报送单位：新闻中心
作品时长：代表作一：3分45秒；代表作二：4分25秒；代表作三：4分19秒
发布平台：China Plus客户端、央视新闻客户端等
首发日期：2020年8月11日

新媒体展示

扫码即可观看本条获奖作品的新媒体展示

作品评介

该作品通过采访中外人士，结合图表、动画等多种形式，为受众讲述"中国热词"背后的小故事、"话外音"，对外传播效果良好，其中欧拉地区语言总阅览量超过10万。

我们为什么爱唐朝
（20集）

作品信息

参评项目及奖次：国际传播类融媒体作品三等奖
报送单位：英语环球节目中心
作品时长：代表作一：12分41秒；代表作二：12分32秒；
　　　　　代表作三：12分40秒
发布平台：苹果、声田、谷歌、亚马逊等国际主流播客平台
首发日期：2020年10月9日

新媒体展示

扫码即可观看本条获奖作品的新媒体展示

作品评介

该融媒体作品是一档真正借助互联网音频平台"走出去"的国际化制作的播客佳品。作品选题考究，制作优良，精准把握目标受众偏好，单集上线30天之内平均下载量超过2000次，超过全球80%的播客新品。

新冠病毒：走进真相

作品信息

参评项目及奖次：国际传播类融媒体作品三等奖
报送单位：英语环球节目中心
作品时长：代表作一：9分14秒；代表作二：10分35秒；
　　　　　代表作三：9分37秒
发布平台：苹果、声田、Stitcher等国际主流播客平台；喜马
　　　　　拉雅网络电台；英语环球广播网站
首发日期：2020年3月9日

新媒体展示

扫码即可观看本条获奖作品的新媒体展示

作品评介

该作品融合抗疫前后方记者采制的独家内容等多方资料，利用苹果等多个网络播客平台在国际舆论场打了一场"新冠阻击战"。作品时效性强、影响力广，为融媒体时代的硬新闻外宣提供了新思路。

最后一公里

作品信息

参评项目及奖次：国际传播类融媒体作品三等奖
报送单位：英语环球节目中心
作品时长：代表作一：34分39秒；代表作二：32分43秒；代表作三：52分24秒
发布平台：CGTN英语频道，CGTN客户端、官网、海外社交平台
首发日期：2020年10月16日

新媒体展示

扫码即可观看本条获奖作品的新媒体展示

作品评介

该作品真实记录中国扶贫最基层、最后一公里的脱贫攻坚故事。节目以电视+新媒体大型直播的形式，具有即时性、真实性和现场感。

"小康之路"大型融媒体报道项目

作品信息

参评项目及奖次：国际传播类融媒体作品三等奖
报送单位：亚洲非洲地区语言节目中心
作品时长：代表作一：13分37秒；代表作二：26分09秒
发布平台：亚洲非洲地区语言节目中心各语种Facebook账号、CGTN阿语频道、央视频、国际在线
首发日期：2020年9月10日

新媒体展示

扫码即可观看本条获奖作品的新媒体展示

作品评介

该作品是脱贫攻坚主题对外宣传的一次创新，最大程度体现出媒体的融合，实现传播效果的最大化。该项目共产出社交媒体和网红产品140多个，海外社交媒体总阅览量超过5000万。

主播的菜园子

作品信息

参评项目及奖次：国际传播类融媒体作品三等奖
报送单位：亚洲非洲地区语言节目中心
作品时长：15 分 03 秒
发布平台：Facebook CRI Tamil 账号、国际在线
首发日期：2020 年 5 月 5 日

新媒体展示

扫码即可观看本条获奖作品的新媒体展示

作品评介

该作品是以主播走进田间地头，动手劳作的田园体验式直播视频节目，形式新颖，内容紧贴地气，高度符合受众喜好。该作品在社交媒体上覆盖量超过 1500 万，总播放量 502 万次。

小马哥说：潮流中国三部曲

作品信息

参评项目及奖次：国际传播类融媒体作品三等奖
报送单位：亚洲非洲地区语言节目中心
作品时长：代表作一：3 分 05 秒；代表作二：4 分 55 秒；代表作三：3 分 13 秒
发布平台：总台波斯语部官网、Facebook 今日中国账号、Instagram 今日中国账号
首发日期：2020 年 7 月 28 日

新媒体展示

扫码即可观看本条获奖作品的新媒体展示

作品评介

该作品是探索融媒体时代讲好中国故事的一次有益尝试，拓展了平台受众的多样性并进一步增强好感传播。该作品三集节目的单平台（波斯语部官方 Facebook 今日中国账号）累计覆盖量多达 79 万。

三城三梦
——波兰人的中国故事

📋 作品信息

参评项目及奖次：国际传播类融媒体作品三等奖
报送单位：欧洲拉美地区语言节目中心
作品时长：代表作一：3 分 58 秒；代表作二：4 分 04 秒；
代表作三：3 分 59 秒
发布平台：Facebook 波兰语部账号
首发日期：2020 年 12 月 1 日

▶ 新媒体展示

扫码即可观看本条获奖作品的新媒体展示

💬 作品评介

该作品以外国青年视角看待中国的变化和发展，展示中国现代社会的包容性和多元性。作品外宣效果好，截至 2020 年 12 月 31 日，每集短视频脸书浏览量均超过 100 万人次。

我的抗疫日记
（4 集）

📋 作品信息

参评项目及奖次：国际传播类融媒体作品三等奖
报送单位：欧洲拉美地区语言节目中心
作品时长：代表作一：6 分 12 秒；代表作二：4 分 34 秒；
代表作三：6 分 27 秒
发布平台：Facebook
首发日期：2020 年 3 月 4 日

▶ 新媒体展示

扫码即可观看本条获奖作品的新媒体展示

💬 作品评介

该作品以第一人称视角、用视频日记的形式真实记录了主创人员滞留在湖北期间的抗疫经历，营造良好的国际舆论环境，传播效果显著。四期视频在 Facebook 上总覆盖超过 287 万人次。

跟欣姐 说英语
（14 集）

作品信息

参评项目及奖次：国际传播类融媒体作品三等奖
报送单位：视听新媒体中心
作品时长：代表作一：1 分 46 秒；代表作二：1 分 32 秒；
　　　　　代表作三：1 分 26 秒
发布平台：央视频
首发日期：2020 年 6 月 10 日

新媒体展示

扫码即可观看本条获奖作品的新媒体展示

作品评介

该作品深耕融媒体知识垂类，利用总台优质主持人资源，通过"主持人 IP 化"打造兼具总台特色、有影响力的短视频产品，受众满意度颇高。该作品账号在央视频端内累计总播放量达 144.6 万。

海外抗疫 Vlog
（45 集）

作品信息

参评项目及奖次：国际传播类融媒体作品三等奖
报送单位：视听新媒体中心
作品时长：代表作一：3 分 52 秒；代表作二：4 分 15 秒；
　　　　　代表作三：3 分 50 秒
发布平台：央视频、中文国际频道
首发日期：2020 年 3 月 5 日

新媒体展示

扫码即可观看本条获奖作品的新媒体展示

作品评介

该作品以第一人称 Vlog 方式，从海外个体经历出发，真实记录了疫情之下的海外抗疫形势，得到了网友的高度关注和热评，全网观看量超 1000 万。

外国网红解码幸福中国
（6集）

作品信息

参评项目及奖次：国际传播类融媒体作品三等奖
报送单位：国际在线
作品时长：代表作一：4分57秒；代表作二：3分59秒；
代表作三：3分29秒
发布平台：YouTube、国际在线手机站、国际在线网站
首发日期：2020年11月11日

新媒体展示

扫码即可观看本条获奖作品的新媒体展示

作品评介

该作品以外国网红沉浸式报道的方式来解码中国建设小康社会的努力和成就，代入感强、贴近性高，是提升国际传播效果的有益尝试。系列视频在境内外平台同步推出，总播放量为57万。

《吃东西》之"鸡蛋十二时辰"

作品信息

参评项目及奖次：国际传播类融媒体作品三等奖
报送单位：欧洲拉美地区语言节目中心
作品时长：代表作一：5分08秒；代表作二：5分13秒；
代表作三：4分48秒
发布平台：国际在线
首发日期：2020年1月22日

新媒体展示

扫码即可观看本条获奖作品的新媒体展示

作品评介

该作品延展了"用美食连接东西方"的节目理念，通过18个语言的网站、境内外社交媒体等平台，进行了视频、图文等多种融媒体形式的矩阵式传播及运营，共收获全球浏览量1734.7万。

《趣·中国》系列微视频
（30集）

作品信息

参评项目及奖次：国际传播类融媒体作品三等奖
报送单位：欧洲拉美地区语言节目中心
作品时长：代表作一：5分05秒；代表作二：4分46秒；
　　　　　代表作三：5分06秒
发布平台：总台"中意"网站、客户端、社交媒体，
　　　　　意大利克拉斯传媒集团Class CNBC电视频道、
　　　　　Milano Finanza网站及社交媒体、美国国家地理（National Geographic）网站
首发日期：2020年11月7日

新媒体展示

扫码即可观看本条获奖作品的新媒体展示

作品评介

该作品主题聚焦中国文化，以"好感传播"为原则，对比并选取中意两国文化的契合点和兴趣点，有效传递了中国价值，实现了融媒体呈现。系列微视频在"中意"Facebook上的总阅览量544万次。

冷战活化石蓬佩奥

作品信息

参评项目及奖次：国际传播类融媒体作品三等奖
报送单位：国际在线
作品字数：1047字
发布平台：国际在线多语种网站、Facebook、国际在线手机站
首发日期：2020年7月1日

新媒体展示

扫码即可观看本条获奖作品的新媒体展示

作品评介

该作品是针对美国国务卿蓬佩奥在多个场合相继发表讲话攻击中国和中国共产党而作，把他定性为"冷战活化石"。文章被境外多家媒体转载，传播效果好。

并肩——给彼此信心和力量

作品信息

参评项目及奖次：国际传播类融媒体作品三等奖
报送单位：亚洲非洲地区语言节目中心
作品字数：1559 字
发布平台：国际在线、Facebook 等
首发日期：2020 年 12 月 28 日

新媒体展示

扫码即可观看本条获奖作品的新媒体展示

作品评介

该作品盘点中国与国际社会的抗疫合作，展现全球合作抗疫的感人力量。创作组引用数据和国际人士、国际媒体的评价，用细节、小切口、朴实的语言让这一宏大主题更感人、更有说服力。

何以中国·留园之约
（10 集）

作品信息

参评项目及奖次：国际传播类融媒体作品三等奖
报送单位：华语环球节目中心
发布平台：央视频、Facebook "知道"账号
首发日期：2020 年 11 月 13 日

新媒体展示

扫码即可观看本条获奖作品的新媒体展示

作品评介

该作品是对中国传统文化国际好感传播的有效探索，运用了"网络视频直播＋短视频＋图文＋专题杂志"互为补充的叠加传播效应，创新传播模式效果显著。截至 2020 年 12 月 9 日，作品累计覆盖量 1600 万。

世界观

作品信息

参评项目及奖次：国际传播类融媒体作品三等奖
报送单位：新闻新媒体中心
发布平台：Facebook、人民日报海外版客户端、YouTube、
央视新闻客户端、微博、B 站
首发日期：2020 年 8 月 21 日

新媒体展示

扫码即可观看本条获奖作品的新媒体展示

作品评介

《世界观》是一档聚焦国际时事并进行深度分析的微视频节目，节目致力于引导国内舆论，影响国际舆论。该节目传播效果显著，每一期在央视新闻客户端均获得超过 20 万的阅读量。

"多彩中国"之"走，去云南""走，去海南"系列直播
（24 集）

作品信息

参评项目及奖次：国际传播类融媒体作品三等奖
报送单位：视听新媒体中心
发布平台：央视频、CGTN 客户端、Facebook
首发日期：2020 年 10 月 21 日

新媒体展示

扫码即可观看本条获奖作品的新媒体展示

作品评介

该作品以自然为切入口，结合移动直播和慢直播，以主持人探访、体验的形式，深入云南、海南多地市，挖掘了众多鲜为人知的内容。该系列直播在央视频端内、端外累计播放量达 4018 万。

流动的海派咖啡馆
（3集）

作品信息

参评项目及奖次：国际传播类融媒体作品三等奖
报送单位：视听新媒体中心
发布平台：央视频
首发日期：2020年11月4日

新媒体展示

扫码即可观看本条获奖作品的新媒体展示

作品评介

该作品以移动的大巴车为演播室，结合航拍、VR、4K等新媒体技术，多维度讲述进博会亮点，打造"活动+节目"互动新形式。#流动的海派咖啡馆#话题阅读量超过了2000万次。

美好生活

作品信息

参评项目及奖次：国际传播类融媒体作品三等奖
报送单位：央视网
发布平台：Facebook、YouTube平台CCTV中文、CCTV全球页（英语、西班牙语、法语、阿拉伯语、俄语、韩语）账号
首发日期：2020年4月26日

新媒体展示

扫码即可观看本条获奖作品的新媒体展示

作品评介

该作品采用直播、微视频、图文等形式对脱贫攻坚、小康生活等内容进行全面深入报道。系列视频海外传播效果佳，截至2020年年底，总浏览量超1.7亿次，视频观看量超2727万次。

全球战"疫"进行时

作品信息

参评项目及奖次：国际传播类融媒体作品三等奖
报送单位：央视网
发布平台：Facebook、YouTube 平台 CCTV 中文、CCTV 全球页（英语、西班牙语、法语、阿拉伯语、俄语、韩语）账号
首发日期：2020 年 1 月 26 日

新媒体展示

扫码即可观看本条获奖作品的新媒体展示

作品评介

该作品以全球战"疫"形势为背景，展现中国政府和社会各界在抗击疫情斗争中做出的正确举措和努力。截至 2020 年年底，该栏目总浏览量超 20 亿次，视频观看量超 3.65 亿次。

古今乐享中秋节

作品信息

参评项目及奖次：国际传播类融媒体作品三等奖
报送单位：亚洲非洲地区语言节目中心
作品时长：5 分 33 秒
发布平台：CGTN 阿拉伯语频道官网，Facebook CGTN Arabic 账号、主播"兰在中国"账号，YouTube CGTN Arabic 账号，央视频
首发日期：2020 年 9 月 29 日

新媒体展示

扫码即可观看本条获奖作品的新媒体展示

作品评介

该作品以中秋团圆文化为抓手，以趣味化、标签化的方式，进行传统中国节日文化宣传，有意识地将文化输出软性植入产品中，是对外宣传中国传统文化的优秀作品。作品以其风趣幽默的风格和极具中国风审美的表达方式，引起阿拉伯网友对中国传统文化的兴趣。

印尼警察演唱《武汉加油》

作品信息

参评项目及奖次：国际传播类融媒体作品三等奖
报送单位：亚洲非洲地区语言节目中心
作品时长：5 分 27 秒
发布平台：Facebook Jurnal Koh Wang Xin 账号
首发日期：2020 年 2 月 5 日

新媒体展示

扫码即可观看本条获奖作品的新媒体展示

作品评介

该作品是对一名演唱《武汉加油》的印尼警察的采访，该栏目主持人的新闻敏感性使其及时地抓住了机会。作品被众多国内外媒体转载，总播放量达 100 多万，传播效果良好。

中国瑜伽第一村

作品信息

参评项目及奖次：国际传播类融媒体作品三等奖
报送单位：欧洲拉美地区语言节目中心
作品时长：4 分 02 秒
发布平台：Facebook 总台保语部账号、国际在线、央视频、保加利亚 24 小时新闻网
首发日期：2020 年 10 月 12 日

新媒体展示

扫码即可观看本条获奖作品的新媒体展示

作品评介

该作品选题新鲜有趣，充分展示了中国新农村建设和脱贫后新农村的精神风貌，对外传播效果显著。视频在保语部 Facebook 阅览量达 58 万，视频观看量 22 万。

抗疫音乐故事《我们心在一起》

作品信息

参评项目及奖次：国际传播类融媒体作品三等奖
报送单位：亚洲非洲地区语言节目中心
作品时长：6 分 35 秒
发布平台：国际在线
首发日期：2020 年 3 月 20 日

新媒体展示

扫码即可观看本条获奖作品的新媒体展示

作品评介

该节目是波斯语部在拉近与对象国受众距离、丰富对外报道形式的一次勇敢尝试。节目体现了中伊两国人民的深厚情谊以及"共建人类命运共同体"的主题，在伊朗的总观看量超过 2000 万次。

《不屈的人类》抗疫主题微视频全球网友互动征集活动

作品信息

参评项目及奖次：国际传播类融媒体作品三等奖
报送单位：国际在线
发布平台：国际在线手机站、国际在线网站及微博、Facebook、Twitter、VK 等境内外社交媒体平台
首发日期：2020 年 4 月 22 日

新媒体展示

扫码即可观看本条获奖作品的新媒体展示

作品评介

该作品由国际在线联合"一带一路"记者组织合作平台共同发起，彰显了人类命运共同体的理念，实现了"发布方与用户共同生产作品"的互动目标，总阅览量超过 1.7 亿次。

中智建交 50 周年特别节目
——中智文化往来 50 年云对话

作品信息

参评项目及奖次：国际传播类融媒体作品三等奖
报送单位：欧洲拉美地区语言节目中心
作品时长：55 分 20 秒
发布平台：国际在线
首发日期：2020 年 12 月 15 日

新媒体展示

扫码即可观看本条获奖作品的新媒体展示

作品评介

该作品站在中国与智利建交 50 周年重要时间节点上，准确把握"时度效"，创新录制和播出形式及方法。该节目在中智多个平台大屏小屏联动播出，仅自有平台覆盖人数就超 50 万。

中国正在打一场疫情防控的"人民战争"

作品信息

参评项目及奖次：国际传播类翻译作品三等奖
报送单位：亚洲非洲地区语言节目中心
发布平台：Facebook 总台乌尔都语部账号 FM98 Dosti Channel
首发日期：2020 年 2 月 25 日

新媒体展示

扫码即可观看本条获奖作品的新媒体展示

作品评介

该作品全景展现了习近平总书记亲自指挥、部署，中国人民上下一心的抗疫历程，和以人为本、集中力量办大事的中国特色社会主义制度优势，既有高度也有温度，用事实回击不实言论。该作品在乌尔都语部脸书账号刊登，覆盖量 42.7 万。巴基斯坦第一大报、日均发行量 85 万份的《战斗报》以乌尔都语专版形式，以《全体中国人正在与疫情作斗争》为题全文转载。巴基斯坦人类发展基金首席执行官扎法尔·海德尔阅读后表示，中国的快速行动力和果断措施为全世界处理公共危机树立了榜样。

环球华人

作品信息

参评项目及奖次：国际传播类栏目三等奖
报送单位：华语环球节目中心
栏目时长：51 分钟
创办日期：2017 年 5 月 1 日
发布平台：华语环球广播及加拿大多伦多 FM105.9、澳大利亚悉尼 FM98.5、新西兰奥克兰 FM90.6 等海外落地频率
刊播周期：日播

新媒体展示

扫码即可观看本条获奖作品的新媒体展示

作品评介

作为面向海外华侨华人受众的综合型新闻话题类栏目，该作品内容丰富，新闻性、时效性强，积极讲述中国故事，引导海外侨社舆论，为中国立场提供有利舆论支持。

弘观天下

作品信息

参评项目及奖次：国际传播类栏目三等奖
报送单位：亚洲非洲地区语言节目中心
创办日期：2019 年 8 月 26 日
发布平台：Facebook
2020 年度发布总次数：共发布 1157 次

新媒体展示

扫码即可观看本条获奖作品的新媒体展示

此为对外网页

作品评介

该作品以打造意见领袖为目标，以中国视角对国内外热点事件进行点评分析，向受众展示对同一事件不同于西方媒体的分析角度。该栏目 2020 年 Facebook 全年总覆盖量超过 1478.8 万。

热点观察

作品信息

参评项目及奖次：国际传播类栏目三等奖
报送单位：欧洲拉美地区语言节目中心
创办日期：2019年12月6日
发布平台：Facebook、Twitter等
2020年度发布总次数：共发布123次

新媒体展示

扫码即可观看本条获奖作品的新媒体展示

作品评介

《热点观察》是总台面向欧洲、拉美地区国家的言论评论栏目，聚焦国际热点及涉华重点议题，摆事实、讲道理，倚马可待，抢占舆论第一落脚点，就热点话题持续关注连续评论，充分发挥观点传播、舆论引导作用。

聚焦中国

作品信息

参评项目及奖次：国际传播类栏目三等奖
报送单位：国际交流局（亚太总站）
栏目时长：24分11秒
创办日期：2019年12月18日
发布平台：孟加拉国RTV电视台及Facebook、YouTube平台
刊播周期：周播

新媒体展示

扫码即可观看本条获奖作品的新媒体展示

作品评介

该作品是中央广播电视总台孟加拉国记者站与孟加拉国RTV电视台联合制作的访谈电视专栏。栏目题材广泛，紧扣中孟共同关注的话题展开讨论，开辟了对孟合作传播的新局面。

"画出最大同心圆"系列频道形象宣传片
（长城篇、珠峰篇、奔马篇）

作品信息

参评项目及奖次：公益广告类三等奖
报送单位：总编室
作品时长：每篇 15 秒
发布平台：综合频道
首发日期及栏目：2020 年 9 月 1 日特辟时段

新媒体展示

扫码即可观看本条获奖作品的新媒体展示

作品评介

该系列宣传片将实景拍摄与先进视频制作技术相结合，以国家经典风光来塑造频道形象特质，体现了中央广播电视总台形象宣传片创作的最新水平，激发了广大人民群众对于中华民族的认同感、归属感。

古诗里的春天
（3 集）

作品信息

参评项目及奖次：公益广告类三等奖
报送单位：体育青少节目中心
作品时长：每集 45 秒
发布平台：少儿频道
首发日期及栏目：2020 年 3 月 10 日节目导视

新媒体展示

扫码即可观看本条获奖作品的新媒体展示

作品评介

该系列宣传片选取三首耳熟能详、赋含春意的古诗词，通过"云朗诵"结合中国传统绘画的表现方式，传递了中国诗词与中国绘画之美，带给全国少年儿童春天的勃勃生机与希望。

2020年春晚公益广告《新春数幸福》

作品信息

参评项目及奖次：公益广告类三等奖
报送单位：总经理室
作品时长：2分钟
发布平台：综合频道
首发日期及栏目：2020年1月24日 2020年春节联欢晚会

新媒体展示

扫码即可观看本条获奖作品的新媒体展示

作品评介

该作品以"数"和"鼠"的谐音对应，巧妙表达百姓对新春的期待，数出幸福生活，数出盛世强国，在除夕夜让亿万海内外华人感受到温馨和自豪。

提倡使用公筷主题公益广告《公筷不能少》

作品信息

参评项目及奖次：公益广告类三等奖
报送单位：总经理室
作品时长：30秒
发布平台：央视全频道
首发日期及栏目：2020年4月25日广告时段

新媒体展示

扫码即可观看本条获奖作品的新媒体展示

作品评介

该公益广告在各地主流媒体、新媒体播出，形成宣传合力，用权威声音切实提升我国的公共卫生水平，在防疫期间起到了重要的引导宣传作用。

疫情防控专家解答

作品信息

参评项目及奖次：公益广告类三等奖
报送单位：新闻中心
作品时长：1 分 50 秒
发布平台：新闻频道
首发日期及栏目：2020 年 2 月 2 日特辟时段

新媒体展示

扫码即可观看本条获奖作品的新媒体展示

作品评介

该短片以动画形式突出关键信息，明确了专家提示的科学方法和观点，在疫情防控中解答群众关切的防护问题，在一定程度上消除大家的认知误区及恐慌情绪，宣传引导效果显著。

勤俭节约——你的食物余额不足

作品信息

参评项目及奖次：公益广告类三等奖
报送单位：总经理室
作品时长：1 分 35 秒
发布平台：中国之声、经济之声、音乐之声等 10 个频率
首发日期及栏目：2020 年 10 月 1 日广告时段

新媒体展示

扫码即可观看本条获奖作品的新媒体展示

作品评介

该作品以动画人物"没头脑"和"不高兴"作为人物设定，制作轻巧、有趣，寓教于乐，在规避说教色彩的同时充分实现传播节约新风、制止餐饮浪费的社会效益，受众反响热烈。

传递健康声音，携手共克时艰
（30集）

作品信息

参评项目及奖次：公益广告类三等奖
报送单位：文艺节目中心
作品时长：代表作一：1分05秒；代表作二：1分10秒；
代表作三：1分05秒
发布平台：文艺之声
首发日期及栏目：2020年1月27日特辟时段

新媒体展示

扫码即可观看本条获奖作品的新媒体展示

作品评介

该系列公益广告时效性突出，同步跟进防疫最新动态调整播出内容；创意新颖，将科普宣传知识和快板书、微广播剧等多种文艺形式巧妙结合；多平台推送，总阅读量近千万，融媒体宣传效果良好。

全民战疫公益广告
（212集）

作品信息

参评项目及奖次：公益广告类三等奖
报送单位：新闻新媒体中心
作品时长：57秒
发布平台："央视新闻"微博
首发日期：2020年1月21日

新媒体展示

扫码即可观看本条获奖作品的新媒体展示

作品评介

该作品运用海报、视频、图解等多种方式，以公益形式传递疫情信息。该公益广告宣传效果显著，线上方面，微信总阅读量突破1亿；线下方面，海报、视频覆盖全国80多座城市的52万块数字屏幕。

《疫情 24 小时》平凡英雄
（7 集）

作品信息

参评项目及奖次：公益广告类三等奖
报送单位：视听新媒体中心
作品时长：15 秒
发布平台：央视频
首发日期：2020 年 2 月 11 日

新媒体展示

扫码即可观看本条获奖作品的新媒体展示

作品评介

该作品致敬了疫情防护中的"平凡英雄"，创作组灵活运用新媒体形式，以艺术之力温暖人心，鼓舞士气。作品相关话题在微博端取得 8.7 亿万阅读量，14.1 万讨论。

YES，WE DO

作品信息

参评项目及奖次：公益广告类三等奖
报送单位：央视网
作品时长：1 分 55 秒
发布平台：央视网、Facebook
首发日期：2020 年 3 月 22 日

新媒体展示

扫码即可观看本条获奖作品的新媒体展示

作品评介

该作品以"YES，WE DO"为主题，以色彩为语言，通过讲述中国战"疫"故事，有效传达信心，鲜明表达态度，用实际行动践行人类命运共同体的理念。Facebook 刊播总浏览量 248 万，视频观看量 71.5 万。

图书在版编目（CIP）数据

中央广播电视总台优秀作品奖新媒体展示手册.2020年度 / 本书编写组编.—北京：中国国际广播出版社，2022.11
ISBN 978-7-5078-5108-3

Ⅰ.①中… Ⅱ.①本… Ⅲ.①广播节目－作品集－中国－2020②电视节目－作品集－中国－2020 Ⅳ.①G229.2

中国版本图书馆CIP数据核字（2022）第057668号

中央广播电视总台优秀作品奖新媒体展示手册（2020年度）

编　者	本书编写组
出 版 人	张宇清　田利平
执行编辑	张娟平
责任编辑	聂俊珍　笑学婧
校　对	张　娜
设　计	十　八　赵冰波
制　作	闫　磊　邢秀娟

出版发行	中国国际广播出版社有限公司 ［010-89508207（传真）］
社　址	北京市丰台区榴乡路88号石榴中心2号楼1701 邮编：100079
印　刷	北京九天鸿程印刷有限责任公司
开　本	710×1000　1/16
字　数	550千字
印　张	23
版　次	2022 年 11 月 北京第一版
印　次	2022 年 11 月 第一次印刷
定　价	79.00元

版权所有　盗版必究